"在文明的交汇处——婆罗洲的社会文化变迁"（2015JT001）
由北京外国语大学基本科研业务费青年学术创新团队支持计划资助
（Supported by the Young Faculty Research Fund of
Beijing Foreign Studies University）

鼓楼史学丛书·华侨华人研究系列

[马来西亚]蔡静芬 著
陈琮渊 卢裕岭 译

印尼山口洋的神庙与乩童传统

Of Temple and Tatung Tradition
in Singkawang Indonesia

中国社会科学出版社

图书在版编目（CIP）数据

印尼山口洋的神庙与乩童传统／（马来）蔡静芬著；陈琮渊，卢裕岭译 . —北京：中国社会科学出版社，2020.12

（鼓楼史学丛书 . 华侨华人研究系列）

ISBN 978 - 7 - 5203 - 6564 - 2

Ⅰ.①印… Ⅱ.①蔡…②陈…③卢… Ⅲ.①宗教—研究—印度尼西亚 Ⅳ.①B928.342

中国版本图书馆 CIP 数据核字（2020）第 092813 号

出 版 人	赵剑英
责任编辑	宋燕鹏
责任校对	王建国
责任印制	李寡寡

出　　版	中国社会科学出版社
社　　址	北京鼓楼西大街甲 158 号
邮　　编	100720
网　　址	http://www.csspw.cn
发 行 部	010 - 84083685
门 市 部	010 - 84029450
经　　销	新华书店及其他书店
印刷装订	三河弘翰印务有限公司
版　　次	2020 年 12 月第 1 版
印　　次	2020 年 12 月第 1 次印刷
开　　本	710×1000　1/16
印　　张	13.25
插　　页	2
字　　数	205 千字
定　　价	98.00 元

凡购买中国社会科学出版社图书，如有质量问题请与本社营销中心联系调换
电话：010 - 84083683
版权所有　侵权必究

目　　录

引　言 …………………………………………………………（1）

致　谢 …………………………………………………………（1）

序 ……………………………………………………………（1）

导　言 …………………………………………………………（1）

第一章　山口洋
　　——盛产山枸黄的河口城市 ……………………………（1）
　第一节　定位婆罗洲岛上的西加里曼丹省 ………………（5）
　第二节　通往西加里曼丹的路线 …………………………（7）
　第三节　山口洋市 …………………………………………（9）

第二章　众沐公恩 ………………………………………（14）
　第一节　山口洋伯公庙概况 ………………………………（15）
　第二节　中央伯公庙上香顺序 ……………………………（25）
　第三节　神庙修造师傅 ……………………………………（61）

第三章　山口洋的乩童 (65)
　　第一节　乩将世家 (66)
　　第二节　砂理山的乩童 (77)
　　第三节　砂理山主唛伯 (80)
　　第四节　砂理山的大师兄 (88)
　　第五节　达雅乩童 (93)
　　第六节　菜篮神乩童 (99)
　　第七节　女乩童 (104)
　　第八节　乩童服装师 (106)

第四章　十五暝 (111)
　　第一节　十四，正月十四 (113)
　　第二节　正月半，正月十五 (116)
　　第三节　神明生——神明诞辰庆典 (121)

第五章　2016年的十五暝 (138)

名词对照 (185)

由衷感谢 (188)

参考文献 (189)

索　引 (191)

引　言

砂拉越客家人的历史总是和两个世纪前的掘金活动相挂钩。18世纪50年代，在当地的马来统治者——三发苏丹的邀请下，最早一批中国矿工抵达了西婆罗洲①，他们极富效率的掘金事业得利于当地人称为"公司"（kongsi）的互助合作制度。荷兰殖民者随后划定了东万律（Mandor）、打捞鹿（Monterado）、拉拉（Lara）、喃吧哇（Mempawah）、山口洋（Singkawang），以及邦戛（Pemankat）等城镇作为"华人居住区"。不少华人与当地达雅族进行贸易牟利，也有些人以务农为生。随着黄金出口的不断增长，上述地区迅速繁荣兴盛，黄金主要销往中国，其他森林产品如燕窝、蜂蜡、藤以及沉香木也随之打开商路。历史上，这群移民值得关注的另一面相是：他们在荷兰殖民者的压迫下经历了艰辛和动荡。为争夺矿区利权，几大华人公司明争暗斗，相互倾轧。在那段岁月里，许多华人离开西婆罗洲，迁往砂拉越的石隆门（Bau）、伦乐（Lundu）及马鹿（Marup）等地垦殖。

如今属印度尼西亚的西加里曼丹的客家人与其砂拉越宗亲的历史渊源是如此紧密，但彼此的发展进程却又截然不同。19世纪60年代，在拉惹（Rajah）布鲁克二世的邀请和资助下，客家人开始大规模向砂拉越迁移。除了1857年的石隆门叛乱外，客家人在砂拉越度过了一段相对安稳

---

① 参阅 Yuan Bing Ling（2000），Heidhues（2003）与 Somers（2003）对西婆罗洲华人史的讨论。

的岁月。华人移入婆罗洲西加里曼丹比砂拉越早了整整一百年，他们当时在荷兰殖民统治下生活。由于政治体制的差异，西加里曼丹和砂拉越的客家社群无可避免地出现方方面面的差异，两地客家话虽然听来相似，但某些发音及词汇仍有不同。假使一位初次来到山口洋的古晋客家人用自己习惯的河婆客家话向当地客家店员买东西，很可能出现鸡同鸭讲的场面，必须尴尬地一再复述，或干脆改用印度尼西亚语沟通。

文化本身是无价的，反映着一个社会及其人民的集体认同。所有延续至今的文化都经历了适应、同化及散布等过程。文化赏识可以增进对文化的正确理解，即：世上没有任何一种文化是绝对优越，也不存在所谓本真或正统的文化。作者特别希望本书有助于人们更好地赏识文化多样性，它值得被所有人接纳与尊重。

致 谢

本书是马来西亚砂拉越大学和北京外国语大学国际合作研究的成果之一，得到"北京外国语大学青年学术创新团队项目支持计划"资助，项目名称为"在文明的交汇处——婆罗洲的社会文化变迁"，本书的英文版同时得到马来西亚砂拉越大学出版部的大力支持，得以在2017年顺利出版。康敏教授率领七位分别来自中国和马来西亚的学者共同推动此一跨国研究项目，探索东马来西亚砂拉越、沙巴以及印尼加里曼丹各省社会文化的种种变迁。此外，山口洋市旅游局的黄诺曼先生为本计划提供关键协助，他的建议及赏识玉成本书得以面市。少了刘毕明先生的慷慨协助，本书的完成将难以想象。多位杰出且经验老到的摄影师无条件贡献其作品，为本书增色不少。威利·布鲁杜斯先生提供许多张2016年"十五暝"（元宵节）的照片；刘翰俊先生提供多张山口洋市及中央伯公庙的照片；伊可·苏西洛与林恩图也分享了很多中央伯公的照片。

我也要感谢两位译者为本书中文版所付出的心力，陈琮渊老师及华侨大学印度尼西亚研究中心多次邀请我到厦门讲学交流，促成了本书的中译等多项合作。同时感谢蔡羽先生协助校订译稿、表妹敏儿协助音译当地地名与人名，琮渊老师在百忙之中对译稿进行仔细校润，大大提高了中文版的可读性。

特别感谢诗巫永安亭大伯公庙和炳源酒厂有限公司的孙春贵先生为本书英文版的无私捐助。非常感谢张如云先生多年来的支持。最要感谢我的指导老师内崛基光教授为本书作序。

若没有山口洋地区的诸位乩童、神庙委员会及当地受访者的支持，这本书是不可能完成的。在此致上衷心的感谢。

序

[日] 内崛基光

蔡静芬博士在本书中对西加里曼丹山口洋华人群体日益繁盛的信仰活动进行了细致的描写。书中所呈现的大量视觉资料主要来自她和当地友人所拍下的一幅幅鲜活生动的照片，搭配精确的图像解说，更让我们得以一窥这座婆罗洲城市当下的精神生活风貌。要知道，婆罗洲以外的人们对此间多姿多彩的生活毫无所知，本书匠心独运之处，正来自作者作为观察敏锐的人类学家对山口洋生活风貌的第一手诠释，并向全世界宣告这座城市独特的魅力。

身为一名砂拉越华人，作者在观察和记录山口洋华人的传统方面有着得天独厚的优势。山口洋和砂拉越的华人——尤其是作者所属的客家群体，由于前者向后者所在地的移居活动，彼此间有着十分密切的历史关联。这两个地区的华裔，至今仍维系着紧密的亲属及社会网络。凭借这些既有网络，作者以其敏锐的人类学视角仔细观察比较这两个华人群体可能存在的种种差异。

这项研究充分对照了两个毗邻而居、如此相似又有所不同的国家/群体，对于全世界的客家研究有十分重要的意义。更为可贵的是，它为当代印度尼西亚政治的文化研究提供了非常珍贵的材料。本书详细描绘华人面对不利的政治环境时所展现的族群/文化韧性，说明了华人传统风俗历经苏哈托"新秩序"时期的高压统治，遭受极大压迫的情况下如何保存下来，并且在随后的一段时间里焕发出新的活力。

作者所聚焦探讨的神庙和乩童是山口洋地区最引人注目的部分，怎么看都是当地居民优秀品质的集中体现。蔡博士将以她兼具洞察力及感染力的文笔，客观描绘西加里曼丹的魅力所在，满足那些对华人民间信仰深感兴趣的读者。

导　　言

"千里之行，始于足下"，老子的这句箴言是我完成这本书的动力。尽管从古晋到山口洋的行程不足千里（实际的路程不到 200 英里），然而我的这一步却迟迟没有迈出，这大概就是命中注定吧。华人相信所有的事情都是上天安排好的，事出必有因，此一命运观很能说明我跟山口洋的关系。

当我在进行"砂拉越客家妇女婚俗"的田野调查的时候，多位相同领域的中国台湾朋友都鼓励我拜访山口洋，记录当地的客家文化。相比于他们从中国台湾飞到山口洋的遥远距离，从古晋去山口洋实在是近得太多了，况且我本身是河婆客家人，与多数西加里曼丹客家人属于同一个方言群，这也是他们向我提出这个建议的缘由之一。但是，考虑到要花十小时的车程才能到达山口洋，去观看我已经在砂拉越观察过的现象，我并没有选择立刻动身。或许当时我的命运尚未与山口洋联系在一起。

2013 年，我参加一个关于砂拉越庙宇的研究项目时，一些大伯公庙的朋友邀请我和他们一起前往山口洋，这是婆罗洲岛各地大伯公庙之间一系列互访行程之一。当时大伯公庙联谊会已经成立四年，随着相互参加彼此的庆典，各庙间的联系也大大加强。那一年的农历六月初六，我参加了福律（Ku Lut/Kulor）伯公（山口洋中央伯公庙）的庆典。由于规划停留的时间有限，我没有太多机会和当地人多多接触，也不能好好地看看这座城市。

2015 年，我再一次回到山口洋参加中央伯公庆典。那是我第一次目睹庙埕前的血祀。现场中国传统的八音缭绕，一个打赤膊的男人挥舞手中利剑随之律动。一头从笼子里放出来的猪拼命想逃走，却被打赤膊的男人给擒住，另一个带着头巾的男人将剑高举向天，随即刺入了猪的心脏。当这头可怜的牲畜被放开时，血已溅得满地都是。乐声一直持续到猪断气为止，它最后被拖到神庙后的空地上。这个场景强烈地冲击了我的视觉感官，大量的疑问一时间涌进我的脑海。我觉得应该去挖掘更多的故事，那年的血祀确实把我和山口洋紧密地连结起来。

2016年4月，当我在砂拉越进行另一项研究项目时，一位朋友希望我能为他拍摄的山口洋"十五暝"（Cap Go Meh，即元宵节）游神的照片写一些文字说明。其实他更早之前就曾邀请我加入他们的行列，一起去当地观看出名的乩童（spirit mediums，tatung）神灵附身和他们各种令人毛骨悚然的"创伤身体"行为。不巧我当时正在进行一个研究项目的田野调查工作，只好拒绝他的邀请。作为补偿，我答应为他制作中的图像书计划提供一些帮助。

另一位在出版社工作的朋友也找上我，问起能否帮忙搜集一些当地神庙和人物的简单历史资料。这个工作只需等候几位摄影师挑选好照片，再配上一些基本资料就可以完成，几乎没有什么难度。又一次，我想都没想就答应了。

这几年来，我总是会听到很多关于乩童游神和他们在仪式中自伤的举动。我在山口洋的朋友每年都会给我送来几张庆典的光碟，尽管从2010年以来，我每年都会观看那些光碟，却未曾起心动念参加此一庆典。原因包括：首先，我已观察过东马来西亚和西马来西亚的乩童文化；其次，我一直不太认同这种日益商品化的游神庆典；第三，包括陈美英和许耀峰在内的多位著名学者，已经写过有关山口洋华人和十五暝游神的文章，我拜读过这些作品并同意其中的观点；第四，参加为期三天的游神活动，食宿和交通费用实在是太昂贵了。因此，我一直没有下定决心去现场观看游神。

然而，当我看到那些十五暝游神的照片时，我实在不知道该如何动笔。构思说明文字时，想到我竟无法拿出乩童和他们行为的有关资料来佐证，感到惭愧。在自责感中，我决定独自一人前往山口洋，尝试找出解决办法。我并没有联系任何大伯公庙的朋友或让任何人知道我在山口洋的行程。我和其他六位共乘者搭上一辆面包车从古晋出发前往山口洋，开车载我们的司机是一位山口洋的客家人。途中，司机的家人打电话告诉他，他学步中的小儿子整夜哭闹不止，司机让家人赶紧把孩子送去乩童（他用的词是"邦童"）那里瞧瞧怎么回事。正当我询问司机何以做此决定，同行的乘客打断我们的谈话。一个看起来年近六十岁的阿姨说："永远不要怀疑神明所能帮助我们的。"接着她又补充："阿妹，不是所有事情都能用科学讲明白。古晋人生病的时候会马上去看医生；但我们山口洋人就不一样了，我们首先会寻求神明的帮助，除非久病难愈才去医院。"她同行的丈夫说："一般来说，当我们祈求神明帮助后，事情总会好转。"这次对话挑起了我对"邦童"（灵媒）议题的高度兴趣。

灵媒是指那些被神明钦点的男人或女人，替神明办事施救，施救意指帮助人们远离由超自然力量所引发的疾病、伤害和不幸。因此，那位阿姨提到的神明，她所指的同时也包括灵媒，神明通过灵媒的乩身来帮助世间百姓。一般说来，在古晋甚至在整个砂拉越，人们生病时往往会采取以下行动：他们会首先找一间小诊所看病，如果病没好的话再去其他诊所或医院。只有当所有的现代医疗技术都确认无效后，才寻求灵媒的帮助，虽然并不是所有人皆如此，但当一切科学治疗方式都失灵时，向超自然的力量寻求帮助也不失为一个方法。

山口洋人对灵媒（乩童）的信仰引起了我的兴趣。据统计，参加2012年十五暝游行的乩童数量高达761位。也许得益于山口洋庞大的神庙数量，这座城市有"千庙之城"的美誉，每一座供奉华人神明的神庙或神坛都有专门服侍一尊或多尊神明的乩童。基于神明对于乩童的钦点，一些神庙中也会出现好几位乩童服侍多尊神明的情况。换句话说，山口洋的乩童至少和神庙数量一样多，这可能一点也不夸张。

值得一提的是，当地人把华人神庙简称为伯公。某人正要去中央大伯公庙时，他会说"我要去中央伯公"，若他要去巴刹①伯公庙则说"去巴刹伯公"。而神坛和神庙则有些差别，神庙一般是指那些有固定边界的独立建筑，而私人祭坛被当地人叫作神坛。为了方便阅读起见，本书的"神庙"一词同时指伯公庙和神坛。

从笔者自2016年3月到9月间所进行的六次田野调查的结果来看，灵媒几乎影响了（山口洋）人们生活的方方面面，从搬家到结婚，甚至是给新生儿取名字，或者有人想要消灾解噩祛病时，都会寻求灵媒的帮助；有些时候，女人被情人抛弃了，或为了"挽回"丈夫，她们也会找灵媒做法来使男人回心转意；当年轻的男性或者女性相亲失败，也会找灵媒施法转运，以早日找到合适的对象；更别说老百姓整日往庙里跑，眼巴巴地等待灵媒写"真字"，让他们买彩票时能中大奖，达成一夜致富的梦想。灵媒也会帮人用一种名为"苏苏俄玛斯"（susuk emas）的金针扎脸美容。有些人甚至将金针埋入生殖器的皮下组织以增加性魅力，或让男性生殖器看起来更坚挺雄壮。而一些其他材质的针——比如说银针，则用来治疗风湿病或减轻疼痛。

本书尝试简单介绍山口洋的灵媒。当地每位灵媒都为一尊或一尊以上的神明服务，神明通过灵媒的乩身得以与凡人交流互动。同时，本书也会介绍被称为大伯公的神明和供奉他的神庙。至于山口洋究竟有多少间祀奉大伯公的神庙？精确数字尚不得而知，但山口洋佛教发展事务局的负责人在对话中表示，大伯公庙在山口洋比供奉其他神明的神庙多很多，而我的田野观察结果也印证了这一点。该局正在收集山口洋地区神庙数量的精确数据，我自2017年6月起，与该局在此一项目上展开合作。

本书的第一章介绍山口洋市的一些概况。从古晋到山口洋约有280千米的距离，2018年毕阿越（Biawak）到萨景安（Sajingan，位于三发县）的公路修建完工后，由打必禄/恩迪贡（Tebedu/Entikong）到山口洋漫长曲折的行程减半。这鼓励更多人在砂拉越和西加里曼丹之间活动，往来

---

① 译注：巴刹（Pasir）为马来语中市场的意思，也可以代指那些经常举办活动、人流量大的地方。

砂拉越和西加里曼丹的游客有更多更好的选择。而山口洋拥有众多瑰丽的自然景观，连绵的群山、碧蓝的大海和洁白的沙滩，可说是婆罗洲岛的沧海遗珠。

第二章介绍中央伯公庙的情况及内部构造，为神庙的内部结构编写图录是笔者长期投入的志向。笔者曾在2013年时出版了一本包含76间砂拉越大伯公庙平面结构图的图集，我对中央大伯公庙的介绍实际上也是类似的基础工程，因而我能更好地理解庙宇的内部结构。这座神庙外形古朴且别具特色。中央大伯公庙的历史背景及其周遭的社会和自然环境，共同塑造了该庙今日的样貌。而根据我先前的经验，世上几乎不存在两座完全相同的神庙，每一座神庙里的主神和陪祀神明（副神）座次、内部的布置，还有其他很多方面都是独一无二的。我相信第二章对那些喜欢游览神庙的人而言会非常有趣，同时对那些虔诚的山口洋当地信众来说也是很有用的资料。神庙各个内部构造的名称，包括柱子上的对联，都是用汉字书写并且以客家话发音，这对有意深入了解这座神庙者将是极佳材料。

第三章介绍几位乩童的家庭背景概况，以及他们对这个身份的感受和看法。乩童不仅仅是在十五暝游神期间用针穿过脸颊或身体其他部分的灵媒，除了有着沟通神明和信众的天赋异秉外，他们与正常人并没有什么区别。在山口洋有很多著名的乩童，但由于时间限制，只有屈指可数的几位被记录在本书当中，陈美英早几年对几位著名乩童所做的研究提供了很多必要资讯（Chan，2008）。

第四章主要介绍出现在庙会活动中的一些重要特征。十五暝也就是当地人所称的正月半，和前一天所举行的洗街仪式密切相连。而各个神庙与乩童之间的网络则显示了山口洋社群重要的社会从属关系。神明生（或者说庙庆）更是重启神庙与乩童间彼此联系，加深关系的重要场合。在这个庆典上，与其说在比试法力神通，不如说是相互展示尊重。希望读者们能够对十五暝产生更为深刻的理解，它并不单单只是一场大型民间信仰盛典，更呈现出宫庙活动的整年精华。

第五章向读者们展示拍摄于2016年十五暝的一些照片。这些精彩的照片是一位名叫威利·布鲁杜斯的当地著名摄影师所提供。

[**译注说明**] 有关地名与人名的中文翻译，书里尽可能沿用当地原有的中文，至于未曾有过中文翻译的名词则采用音译。为了方便读者阅读和理解，名词的译音会将原文括号在后，印尼文/马来文以斜体呈现。更重要的，本书的此一做法也是为了对更好的理解及传承当代客家社会风俗习惯——特别是河婆客家方言——做出贡献。本书写作于2016年，并在隔年脱稿出版英文版，如今再将之译为中文出版。经过数年的时间，书中有些人物和地理情况出现了变化。为了不改动原书的内容，除了增加原版所遗漏的表格目录及标题外，其他变动及补充一律以译注的方式跟进说明。

第一章

山口洋

——盛产山枂黄的河口城市

"山口洋"（Singkawang）之名可能源自山枂黄（*tengkawang*）一词，而山枂黄是提炼自枂黄树的药油，枂黄树则属于龙脑香科植物。奥金卡（Ozinga，转引自 Heidues，2003）曾经在他关于西婆罗洲的经济报告中提到，自 1912—1914 年间，西婆罗洲生产的油籽几乎全数出口到印度，产量达到了 9000 吨。由此可以推知，"山口洋"之名极可能来自当地所盛产的珍贵雨林产品。

在客家话中，山口洋读作 San Kheu Jong，从字面上可以理解成"河口"或"河流出海口"。早年的山口洋是为了迎合打捞鹿（Montrado）地区的采金活动所需而建造的一座港口，当时这座小镇一方面迎来不辞艰辛、梯山航海而至的华南移民，同时也是金矿工人及金矿产品的集散地，特别是那些等待出口的金矿砂。

五条河流分别流贯山口洋市或在周边蜿蜒。当中山口洋河横贯市中心；亚答江（Sungai[①] *Sedau*）绵延 20 千米，是最长的一条河流；此外还有九条江（Sungai *Setapuk Besar*）、头条江（Sungai *Wie*）、三条江（Sungai *Garam*）。这五条河流淌于群山之间，最后注入纳土纳海。砂理山

[①] Sungai 即印尼文河流之意。

(*Gunung Sari*)、琶西山（*Gunung Pasi*）、珀腾山（*Gunung Poteng*）、帛娥撒山（*Gunung Besar*）、色达乌山（*Gunung Sedau*）、琶当琶琊山（*Padang Pasir*，当地客家人也称此山区为鑊嬷江［Bok Ma Kong］）、吉安潭山（*Gunung Jiatan*）和西江空山（*Gunung Sijangkung*）八座山峰环绕，恰好符合城市的中文名字——山口洋。

图1—1 砂理山，位于距山口洋市以南1.8千米处

（来源：刘翰俊摄）

山口洋市背靠群山，面朝纳土纳海，雄踞海岸平原之上，拥有得天独厚的自然风光。西部和南部海岸线风光旖旎的大片沙滩，已是假期时吸引无数的游客前来观光的著名景区。长沙壩（*Pasir Panjang*）和丹绒巴瑶（*Tanjung Bajau*）的白色沙滩美景天成，视野开阔，更是必游之地。

图1—2　珀腾山，因山体形似"竖起的拇指"而得名

（来源：刘翰俊摄）

图1—3　琶西山，位于山口洋南部地区

（来源：刘翰俊摄）

图1—4 横贯山口洋市中心的山口洋河

(来源:刘翰俊摄)

第一节　定位婆罗洲岛上的西加里曼丹省

地图1：婆罗洲岛上的三个国家

(来源：刘毕明提供)

婆罗洲岛（即加里曼丹岛）是世界第三大岛，全岛由三个国家所辖，其中文莱全境坐落其上，剩下的土地则分属于马来西亚和印度尼西亚。马来西亚所辖土地占整个婆罗洲面积的26.3%，包括三个部分，最主要的是面积124450平方千米的砂拉越州，砂拉越同时也是马来西亚土地面积最大的一个州；另外两个是沙巴州（73619平方千米）和纳闽联邦直辖区（92平方千米）。文莱位于婆罗洲的西北隅海岸，面积仅5770平方千米。印度尼西亚的加里曼丹五省构成了婆罗洲的绝大部分，共分为西加里曼丹省、北加里曼丹省、东加里曼丹省、南加里曼丹省和中加里曼丹省五个部分，总面积548005平方千米，几乎占全岛面积的73%。

西加里曼丹省以147307平方千米的面积，成为五个省中面积第二大的省份（面积最大的是中加里曼丹省），其首府为坤甸。根据西加里曼丹省统计局（*Badan Statistki Kalimantan Barat*）2014年的数据，该省总人口为4716093人，主要民族中人数最多的为达雅族（32.75%），其后依次为马来族（29.75%）、华族（29.21%）、爪哇族（约占5.25%）、武吉士族（约占0.3%），以及其他各种族（合计9.85%）。

西加里曼丹省的行政区划包括两个市和十二个县（*Kapubaten*），如地图2所示。

地图2：西加里曼丹省的行政区划

（来源：刘毕明提供）

表1—1　　　　西加里曼丹省行政区的人口分布概况

独立市/县	首府	面积（平方千米）	人口（2014）	人口比例（%）	人口密度（人/平方千米）
三发县	三发	6394	519887	11.02	81.3
孟加影县	孟加影	5397	232873	4.94	43.1
兰打县	万那	9909	352897	7.48	35.6
坤甸县	喃吧哇	1276	249521	5.29	195.4
桑高县	桑高	12857	438994	9.31	34.1
道房县	道房	31240	464227	9.84	14.9
新当县	新当	21635	390796	8.29	18.1
上卡江县	普渡西保	29842	240410	5.10	8.1
昔加罗县	昔加罗	5444	191797	4.07	35.2
默拉维县	南甲屏喏	10644	192301	4.08	18.1
北加荣县	苏卡达纳	4568	103282	2.19	22.6
大古布县	瑟拉雅	6985	538815	11.43	77.1
坤甸市	坤甸	107	551764	12.68	5548.2
山口洋市	山口洋	504	202196	4.29	401.2
合计		146802	4716093	100.00	—

资料来源：西加里曼丹省统计局，2016（取自 http：//kalbar.bps.go.di）

道房县是西加里曼丹省十二个县市中面积最大的一个，而坤甸市则是面积最小的。坤甸市是从坤甸县中独立出来的一个行政区划，是整个西加里曼丹省中人口密度最高的地区（每平方千米5548.2人）。位于东部的上卡江县和道房县则是整个西加里曼丹人口分布最稀疏的地区（每平方千米仅18.1人）。山口洋市则以每平方千米401人的人口密度，成为西加里曼丹省人口第二稠密的地区。

第二节　通往西加里曼丹的路线

马来西亚的砂拉越州与印尼西加里曼丹省在国境线的两边，访客可以通过三条路线从砂拉越州的首府古晋进入西加里曼丹省。这三条路线中，人流量最大的是从西连的打必禄（砂拉越侧）出入境检疫关卡到恩迪贡（西加里曼丹省一侧）的跨境检查站（*Pos Pemeriksaan Lintas Batas En-*

tikong），恩迪贡是兰打县的一个边境小镇。人流量第二大的路线是通过连接了砂拉越石隆门和西加里曼丹孟加影边贸城市西里京（Serikin）的甲桂巴邦（Jagoi Babang）检查站。最后一个选择则是通过坐落在婆罗洲西北部的毕阿越和阿茹克（Aruk）间的萨景安关卡，从砂拉越的三马丹地区通行，但由于路况不佳，这条路线的人流量相对较小。然而这条通往三发县的路线却最有潜力，一旦路况得到改善，从此处通行只需四小时，里程仅仅是其他路线的一半。[①] 目前，居住在三个边检点的印尼居民大多拥有可以直接前往砂拉越西连、石隆门和三马丹的越境通行证（Pas Lintas Batas）。除了上述三个路线之外，还有一个少有人知的路线，就是通过鲁勃安都—巴达噢（Lubok Antu – Badau）检查站到达谱图稀巴（Putussibau）镇。

地图3：连接砂拉越州和西加里曼丹省的道路

(来源：刘毕明提供)

[①] 译注：毕阿越和阿茹克的关卡已于2017年年中正式启用，路况良好，是目前前往山口洋最便捷的路径，驾车从古晋到山口洋只需四小时。

第三节 山口洋市

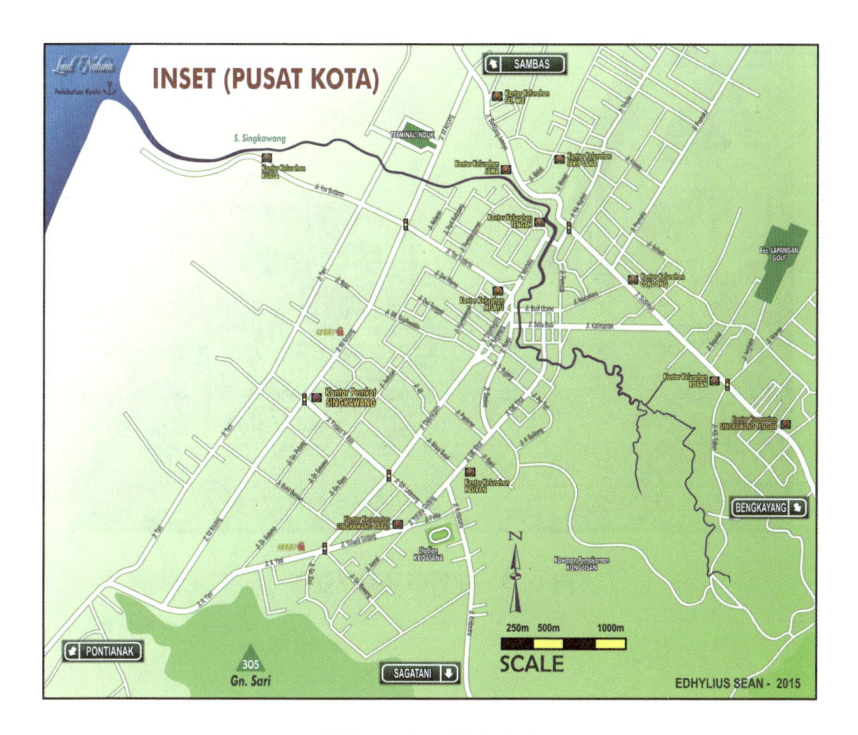

地图4：山口洋市中心

(来源：刘毕明提供)

山口洋最古老的街道是亚答街（客家话：Atap Kai，官方名称为尼亚街 Jalan Niaga），这条街是山口洋市最早的商业活动聚集地，其标志性地标是街道正中的龙柱（Tugu Naga）。

毗连亚答街的是中兴街，又称为中民街，官方名称是舍甲特拉街（Jalan Sejahtera）。1936年的一场大火摧毁了整条街的商铺，以及市中著名的腊雅清真寺（Masjid Raya）。据说附近一座小型华人神庙几乎被大火吞噬殆尽，后来迁移到督利市场（Pasar Turi）一带。

大火过后，随着城市人口的增长，山口洋的市区面积逐渐扩大并且形成了一条名为花度街（Fa Tu Kai）或迪珀呢果洛街（Jalan Diponegoro）的新街道。这条长街连接了山口洋市的南部区域,也被叫作华都街(*Kota Indah*)。

图1—5 亚答街又称尼亚街

(来源:刘翰俊摄)

图1—6 中民街/中兴街又称舍甲特拉街

(来源:刘翰俊摄)

图1—7　花度街又称迪珀呢果洛街

(来源：刘翰俊摄)

1981年以前，山口洋一直是隶属于三发县的一部分，随后才成为一个独立的自治市（*Kota Adminstratif*）。出于行政管理的考量，山口洋市被分成五个区（*kecmatan*），包括山口洋中区（*Singkawang Tengh*）、山口洋西区（*Singkawang Barat*）、山口洋东区（*Singkawang Timor*）、山口洋北区（*Singkawang Utara*）和山口洋南区（*Singkawang Selatan*）。而每个区又进一步被分割成几个类似村庄的行政单位。

山口洋的人口由多个民族组成，其中五个主要的民族是马来族、华族、爪哇族、武吉士族和达雅族；另外还有一些人口较少的民族也在此居住生活，包括马鲁古族（Maluku）、苏拉威西族（Sulawesi）、巴达克族（Batak）、巽他族（Sunda）、廖内族（Kepri）、马都拉族（Madura）、巨港族（Palembang）、万鸦老族（Manado）、珀巴莫拉族（Plobamora）、巴东族（Padang）和班查尔族（Banjar）。马来族主要居住在市中心和城市的北部；达雅族主要分布在城市的东部；至于华族则主要分布在城市的西部和南部。山口洋是全印度尼西亚华人人口最集中的地方，人口比重几乎占了整个城市总人口的一半（根据西加里曼丹省统计局 2016 年的数据，约有十万名华人在此居住）。盐町（Kaliasin）——或者被称为塩潭（客家话：Jam Thang）是山口洋最早的华人定居区，其中有些华人已经在此繁衍生息了四代人之久。塩潭在客家话中有"咸水湖"或"盐池"之意。福律（Kulor）——或客家话所称的 Kut Lut，作为打捞鹿地区最早的金矿工人进驻点而闻名于世，拥有广阔的稻田和菜地。

表1—2　　　　　　　山口洋市下属五区中的各个村落

行政区	村落①
山口洋中区	卢万（Roban）
	崇冬（Condong）
	瑟集拉马（Sekip Lama）
	爪哇（Jawa）
	武吉峇都（Bukit Batu）
山口洋西区	巴西兰（Pasiran）
	么腊邮（Melayu）
	澄啊（Tengah）
	大望，海望（Kuala）
	头条江（Sungai Wie）
山口洋东区	巴仁丹（Pajintan）
	雅润寇（Nyarungkop）
	玛雅索帕（Mayasopa）
	巴嘎萨瓦（Bagak Sahwa）
	福律（Kulor）

① 某些区域的名称是当地人以客家话表示的（如原书表中的中文括号部分），这些中文表述常见于在当地的报纸中，刘毕明先生为确认这些名词的翻译提供了帮助。

续表

行政区	村落
山口洋北区	三条江（Sungai Garam）
	四条江（Sungai Nangkak）
	五条江（Sungai Bulan）
	六条江（Setapuk Rasau）
	八条江（Setapuk Kecil）
	九条江（Setapuk Besar）
	十条江（Semelagi Kecil）
	十一条江（Semelagi Besar）
	山下子二条江（Sungai Dalung）
山口洋南区	亚答江（Sedau）
	萨嘎塔尼（Sagatani）
	西江空（Sijangkung）
	滂米朗（Pangmilang）

资料来源：山口洋市统计数据，2015（引自山口洋市统计局）

第二章

众沐公恩

尽管山口洋以"千庙之城"而著称,然而在本章中,笔者会将所有的笔墨集中在一座独特的神庙上。这座神庙不仅坐落在城市的中心地段,在当地民众的心目中,它无论就社会、历史和文化意义而言都居于极其重要的地位。

图2—1 中央伯公庙,又称中央伯公

(来源:伊可·苏西洛与林恩图提供)

第一节　山口洋伯公庙概况

就地理位置上来看，中央伯公庙毗邻亚答街、怖帝伍陀莫街（*Jalan Budi Utomo*）和花度街，而这三条街构成山口洋市的金三角，几乎所有的主干道路都穿越这个区域，其他的街道则围绕着此区向外排开，而福德祠就坐落在闹市的核心。

图 2—2　20 世纪 60 年代的中央伯公庙

（来源：http://stillnoitem.blogspot.my/2010/10/potret-wajah-singkawang-tempeo-deoleo.html。2016 年 8 月 31 日最后访问）

福德祠被称作"中央伯公庙"，当地人又简称为"中央伯公"（*Pekong Pusat*），山口洋宗教管理局官方纪录的登记名称则是"*Vihara Tri Dharma Pusat Kota*"。据当地可稽文献记载，中央伯公庙建于 1878 年，然而由于山口洋自19世纪20年代起就是相当繁荣的城镇，不少人认为此一记载尚存疑义，这座神庙建成时间可再往回追溯（Yuan①，1998；Heidues②，2003）。据信掘金者在18世纪中期就已抵达山口洋。海德惠斯（Heidues）于其关于西婆罗洲山口洋掘金者历史的杰出著作中，引述19世纪早期米尔本及弗斯等人的观察（Milburn，1825；Veth，1854），多次指出当时的山口洋已是颇具规模，且华人人数可观的城市。根据弗斯的记载，当时一间华人公司（厅、庙）就位于山口洋市中心，他所指的很可能就是中央伯公庙。此庙嗣后曾多次遭遇祝融之灾，其中包括几次全城尽毁的大火，神庙也很难幸免。

2000年时，庙方曾发行了一本简介中央伯公庙的小册子，书中一位专家用印尼文作出以下描述，试迻译如下：

> 这座神庙于1878年落成，据信是当地所知供奉三教神明最古老的神庙③。山口洋曾经是打捞鹿（位于今日的孟加影县内）华人矿工主要的中转站，当时山口洋还是植被森森的原始丛林状态。根据传统华人的信仰，每片森林都拥有一位专门的守护神。因而这座供奉大伯公的神庙被建立起来，成为这座城市的守护者。据称从中国带来大伯公神像并于山口洋建造神庙奉祀的，是一位擅长民俗仪式、名为赖石（Lie Shie，音译）的人。起初，这座神庙只是山口洋郊外居民搭建的一座草棚，人们在它的四周拴马休息。1920年左右，草棚拆除始建神庙。然而，1930年的一场大火几乎将整个小镇夷为平地，神庙也无法幸免。三年后，山口洋居民重建了一座神庙来供奉大伯公，但并没有得到荷兰殖民政府的允许。传说殖民当局是在大

---

① 译注：袁冰凌，福州大学人文社会学院教授，专研婆罗洲华人公司，出版多部相关著作及译作。

② 译注：玛丽·索默尔斯·海德惠斯（Mary F. Somers Heidhues），德国帕绍大学东南亚研究所研究员，东南亚华人问题专家。

③ 许多山口洋的耆老并不认同中央伯公庙是当地最古老神庙的说法，他们认为福律宫（Pak Kung at Kulor or Kut Lut）才是当地最古老的神庙。

伯公托梦后，才允许当地华人筹建新的神庙。大伯公和大伯婆婆的神像在那场大火中毫无损伤，安奉到新庙中。在他（她）们左右两旁陪祀的是广泽尊王和安济圣王，正殿上方还有一座释迦摩尼的雕像。根据三圣土地神基金委员会的描述，中央伯公庙里的大伯公神像手中拿的是一把象征着权力和财富的玉如意，而非其他土地神庙常见的玉净瓶，这也是山口洋中央伯公庙的特点之一。每年春节和元宵节，都会有数以千计的信徒不远千里从全国各地乃至海外蜂涌来到西加里曼丹朝拜。而在绕境净街仪式正式展开之前，许多乩童（灵媒）和老爷（华人术士）会作法祈求神明的庇佑。

以上的说明有助于我们理解何以山口洋有如此多的神庙，以及何以需要那么多的乩童（灵媒）来参加每年的净街仪式。彭加甘（守护）和彭努谷（在地灵）的信仰持续不断。时至今日，山口洋的居民依然相信这些在地灵的存在，所有的山川河海、金石草木皆有彭努谷栖身其中。除非被侵犯或打扰，否则彭努谷一般不会伤害人类，因而有很多关于彭努谷出现在某家后院、大路中央和建筑工地的市井传说。这些神灵的现身有时会造成儿童生病，人们见其形体或受到惊吓，甚至会受到肉体上的伤害。这些神灵现身表示需要被安抚，否则就会对周边的人们产生危害。在这种情况下，乩童就被请来协助安抚神灵。建庙更是保境安民的长期方案，神庙中最常被奉祀的就是大伯公或土地神，大伯公被认为是管理一切与土地相关事务的神明。

在福建话和潮州话中，大伯公的发音是"Tua Pek Kong"；而婆罗洲的客家人一般称其为"Thai Pak Kung"；正统的中文名称则写作"福德正神"。目前，学界关于大伯公究竟是谁仍然有很大的争议。刘阿荣（2012）在其《族群迁移与宗教转化——以福德正神信仰为例》一文中指出，大伯公信仰实际上是由早期的中国移民带到南洋地区的，在中国大伯公（或者说土地爷）是掌管全乡土地的神灵。早期的南洋学者如韩槐准①（1940）、陈育崧②（1951），以及邝国祥③（1957）等人也对新马地区华人大伯公信仰的起源持相似观点。1981年，黄尧④发表了一篇名为《三位一体的神——大伯公、拿督公、土地公》的文章，文中指出土地公是专门管理一切跟土地相关事务的神明，那些挖掘锡矿和金矿的矿工（砂拉越），以及从事农耕活动的华人移民拜土地公以祈求较佳收益或收成。张少宽⑤在他1982年发表的著作中，简明扼要介绍了三位神明之间的关系，并且敏锐地指出三神信仰实际上皆是出于对土地的信仰。到21世纪，像陈志明⑥（2000）、高伟浓⑦（2002）、郑志明⑧（2004）等学者纷纷转而关注马来西亚和泰国等东南亚大伯公信仰，将之作为在地化的神明来加以研究。

全砂拉越共有77座神庙供奉大伯公（Chai, 2014），这些神庙的历史几乎跟当地华人社群的历史同样古老。当第一批移民抵步后，往往就在河岸设立神龛，或者把一块河岸的石头当作神龛敬拜以寻求大伯公的庇佑。一旦大伯公回应了他们的请求，并且让居民的生活水平有所提升之后，人们就会设立更精美的神龛，或建造一座简单的神庙来表达他们对大伯公的感激和尊敬。从古至今，这些神庙始终给予当地居民心灵上的慰藉——当人们即将远行，祈求一路平安；当商贾投入新事业，祈求财源广茂；当某人陷入难以抉择的情况或困境时，也会寻求大伯公的启示以应对危机。当然神庙有的时候也会成为社区公共活动场所，社群集会讨论、节庆，甚至调纷解难，都会寻求大伯公帮助甚至是裁决。早年的草创岁月里，神庙就是那些初来乍到的移民与其南洋亲族们团聚的会面点。除此之外，神庙也扮演邮局的角色，远在中国的亲人多将家书寄往

---

① 译注：韩槐准（1892—1970），南洋考古学家及历史研究者，祖籍海南文昌。
② 译注：陈育崧（1903—1984），新加坡东南亚史和华侨史学者，祖籍福建海澄。
③ 译注：邝国祥（1904—1971），马来西亚华人教育家、作家，祖籍广东大埔。
④ 译注：黄尧（1914—1987），马来西亚教育工作者、画家，编著有《星马华人志》。
⑤ 译注：张少宽，马来西亚资深文史工作者，专精槟城华人地方史研究。
⑥ 译注：陈志明，国际知名人类学家与东南亚研究专家。
⑦ 译注：高伟浓，暨南大学国际关系学院教授，东南亚史专家。
⑧ 译注：郑志明，辅仁大学宗教研究所教授，专精华人宗教及民间信仰研究。

庙里。

不难发现，大伯公庙在整个砂拉越华人社会中扮演了极其重要的角色，在西加里曼丹地区也是如此（特别是荷兰殖民时期的西婆罗洲）。然而不能否认的是，西加里曼丹地区特别是山口洋，相较于砂拉越，有更多大伯公庙。砂拉越的大伯公庙大多临河而建，这是由于当时人们的交通主要仰赖河运。而山口洋的神庙分布则更为广泛，不仅能在河边看到供奉大伯公的场所，甚至可以在一块石头上面、小山丘或者一片稻田的正中央看到供奉大伯公的神龛。

山口洋何以有如此数量庞大的神庙，其原因存在各种不同的说法。这里有为数众多的彭谷努及彭加甘，其数量与前已述及的神庙数量约略相同。

图2—3　塔尼街（Jalan Tani）一座位于稻田正中央的伯公庙

（来源：伟倪摄）

图 2—4　建造于塩潭一块巨石上的伯公庙

（来源：伟倪摄）

图 2—5　海望一个椰子种植园正中的伯公庙

（来源：伟倪摄）

图 2—6　色邦咖伍（Sebangkau）河畔的伯公庙

（来源：伟倪摄）

图 2—7　琶西山中的伯公庙

（来源：威利·布鲁杜斯摄）

第二种说法是山口洋数量庞大的神庙反映了当地可观的华人人口。根据 Yuan（1998）和 Heidhues（2003）的著作，在采金活动盛行时候，打捞鹿和三发地区共有 14 间华人公司同时存在。1981 年以前，山口洋市是三发的一部分，此后才成为独立的行政区。当时参与金矿开采的公司包括大港（*Thai Kong*）、老八分（*Lao Pat Fung*）、九头分（*Kyu Fun Teo*）、十三分（*Sip Sam Fung*）、结连（*Kuek Lian*）、新八分（*Sin Pat Fung*）、三条沟（*Sam Taio Keau*）、满和（*Man Ho*）、新屋（*Xin Buk*）、坑尾（*Kong Mui*）、十五分（*Sip Ng Fung*）、泰和（*Tahi Ho*）、老十四分（*Lao Sip Si Fung*）、十二分（*Sip Yi Fung*）等。金矿开采与土地有着最直接的联系，能否成功发现金矿很多时候取决于掘金者的运气，因此几乎所有矿工都会祈求大伯公的保佑与帮助，以便在开采活动中获得丰厚的回报。矿工们也会向大伯公祈求平安，保佑他们身体健康免受当地土著和野生动物的袭击。我们可以假定，伴随着采金范围的日益扩大，矿工们会在他们停留的地点设立新的神龛来供奉大伯公以祈求保佑。华人矿工也因此自先人们那里继承并发展了一种敬拜土地神以寻求庇佑的传统，持续至今。

图 2—8　砂理山中的伯公

（来源：蔡静芬摄）

关于山口洋何以存在大量神庙的第三种说法是，每个地区原先就有大伯公需要人们去供奉。在当地流传广泛的传说是福律大伯公显灵的故事：福律庙供奉的伯公给当地的一个农民数次托梦。在第一个梦里，这个农民见到了一个白胡子老人，这就是当地的大伯公。当他再次梦到大伯公，大伯公告诉农民他住在当地的一块石头附近。农民醒来后找到了这块石头，并且每天来这里给大伯公上香。过了一些时日，农民又梦到了伯公，这次大伯公告诉他一些数字，农民以这些数字买彩票中了大奖。农夫用彩票中的一部分钱为大伯公买了一个香炉，同时继续给大伯公上香、烧纸钱。伯公也给其他来敬拜此石的人托了梦。此地伯公很灵验的传言很快在乡里间传开了，从此以后，原先膜拜伯公的地点就建了庙，目前已是一座两层楼高的宏伟庙宇。

图2—9 丹绒磙铎（Tanjung Gundol）的伯公

（来源：蔡静芬摄）

在其他版本的故事里，一个当地的年轻人正踌躇自己该做什么生意，伯公通过乩童告诉他尽可能到远方去做生意，同时不要做和金木水火土五行有关的生意，年轻人选择了服饰贸易。经过多年的努力，他的事业小有成就，每当在生意上遇到困难时，都会到这间神庙寻求伯公的帮助。又过了几年，此人在生意上获得巨大的成功，并且拥有雅加达地区最大的服装加工厂。

关于伯公的信仰很有可能是当地信众从对某位土地神的信仰"演化"而来的。当祈愿成真后，信徒就会通过提供更好的庙址、逐步翻新或升级原有的露天神龛等方式来答谢神恩。

图2—10　福律伯公

（来源：蔡静芬摄）

图 2—11　2015 年年初开始兴建的新福律伯公庙

（来源：蔡静芬摄）

第二节　中央伯公庙上香顺序

每座香炉里所插香的数量通常由信徒自行决定，但必须是奇数，一般是一根或三根。信徒拆开香的包装，并在桌边的小蜡烛或天井旁的大蜡烛点燃。以下所说的"拜拜"指的是一位信徒，无论站着或跪着，不时用双手将香举至他/她的胸前，闭上他/她的双眼向前鞠躬，向神明表达自己的愿望或祈求。

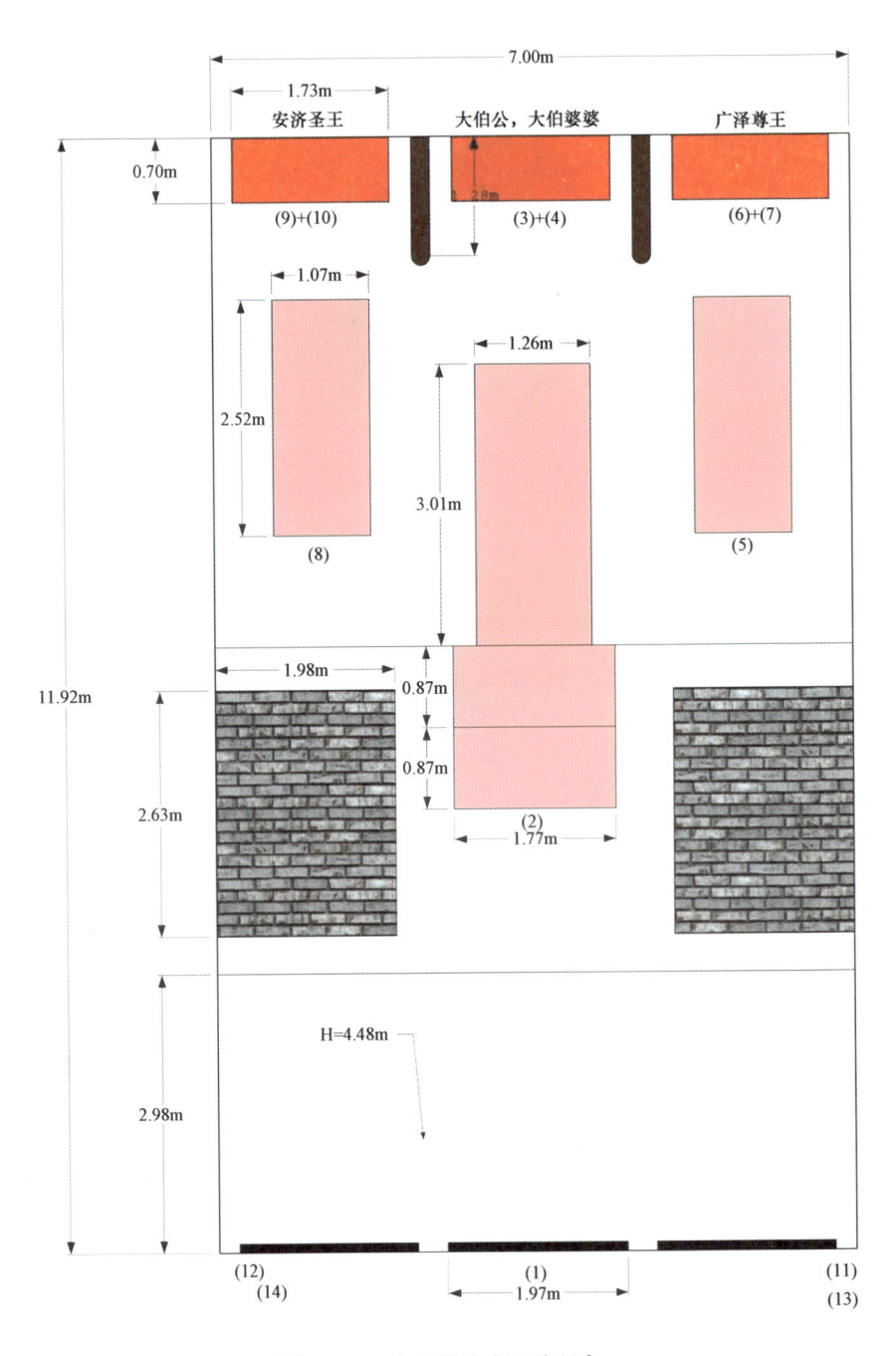

图 2—12　中央伯公庙上香顺序

第一步：拜天公（面向天公站立，持香拜三拜）

第二步：拜庙里众神（持香立正再下跪拜拜，重复三次）

第三步：拜大伯公和大伯婆婆（持香站立或下跪拜拜，重复三次后再将香插进香炉）

第四步：拜土地公和土地婆（持香下跪拜拜，将香插入香炉）

第五步：拜左侧陪祀的副神（持香站立或下跪拜拜）

第六步：拜广泽尊王（持香站立或下跪拜拜，随后将香插入香炉）

第七步：拜土地公和土地婆（持香下跪拜拜，将香插入香炉）

第八步：拜右侧陪祀的副神（持香站立或下跪拜拜）

第九步：拜安济圣王（持香站立或下跪拜拜，将香插入香炉）

第十步：拜土地公和土地婆（持香下跪拜拜，将香插入香炉）

第十一步：向左侧门板上的白面财神敬一炷香

第十二步：向右侧门板上的黑面财神敬一炷香

第十三步：拜太阳星君（持香站立拜拜并将香插入香炉）

第十四步：拜太阴星君（持香站立拜拜并将香插入香炉）

神庙的左右是依据神尊面对的方向来决定，即从神明看出去的方向。当一个人面朝神龛时，神像的左侧就是那个人的右侧，反之亦然。

以下的表格将展示中央伯公庙内外的一些牌匾和对联文字，同时也会呈现一些建筑外貌。尽管表格的内容并不是很全面，但依然能帮助我们更好地了解中央伯公庙。

＊照片中的中文字由右自左书写、阅读。

＊第一行指出镌刻文字所在的庙宇结构或部位，以及中文书写与方言拼音。

括号中的拼音表示客家话，斜体表示印尼文。

特别感谢刘翰俊先生以其卓越的摄影技巧协助本节照片的拍摄，同时也感谢两位年轻的摄影师尹可及恩图提供有关这座庙宇的多张美丽照片。

表 2—1　　山口洋中央伯公庙内外匾额对联一览

图	说明
	横匾（hang pien） 福德祠（Fuk Tet Chi）
	横匾（hang pien） 山口洋中央伯公庙（Vihara Tri Dharma Bumi Raya Pusat Kota Singkawang） 此为登记名称 *Vihara* = 庙 *Tri Dharma* = 三教（佛、释、道） *Bumi Raya* = 土地神 *Pusat Kota Singkawang* = 中山口洋
	横匾（hang pien） 广泽尊王（Kong Chet Cun Bong）

第二章 众沛公恩 / 29

续表

	横匾（hang pien） 安济圣王（Kong Chet Cun Bong）
	石狮（sak shi） 公狮（Si Ku）在左 母狮（Si Ma）在右

续表

门神（Mun sin）（左）
白脸财神（Phak Mian Choi Sin）

续表

门神（Mun sin）（右）

黑脸财神（Bu Mian Choi Sin）

续表

	柱对联（P1） 福佑群伦岂但中邦人壹乐 （Fuk Jiu Khiun Lun Khi Tan Cung Pang Nyin Jit Lok）

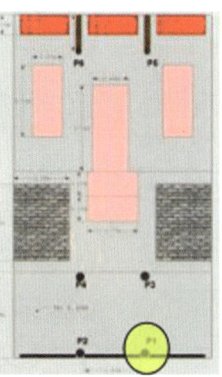

续表

柱对联（P2）
德被庶类更教南国物皆春
（Tet Phi Ca Lui Kian Sha Nam Ket Buk Kai Chun）

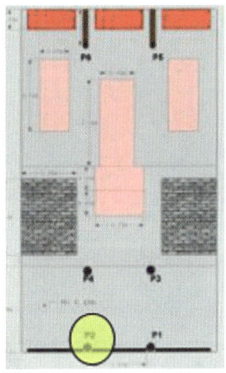

续表

柱对联（P3）
伯座南邦士农工商沾伯德
（Pak Cho Nam Pang Shi Nung Kung Shong Cham Pak Tet）

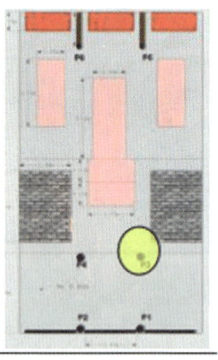

第二章 众沐公恩 / 35

续表

柱对联（P4）

公照口洋华侨民众沐公恩
（Kung Cau Kheu Jong Fa Khiau Min Cung Muk Kung En）

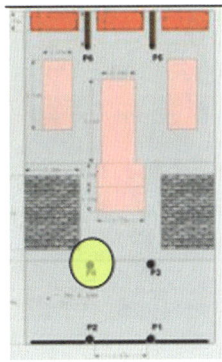

续表

	梁枋彩绘 恩光普照（En Kong Phu Cau）
	溧枋彩绘 福寿康宁（Fuk Siu Kong Nen）
	梁枋彩绘 锡福攸长（Shu Fuk Jiu Chong）

续表

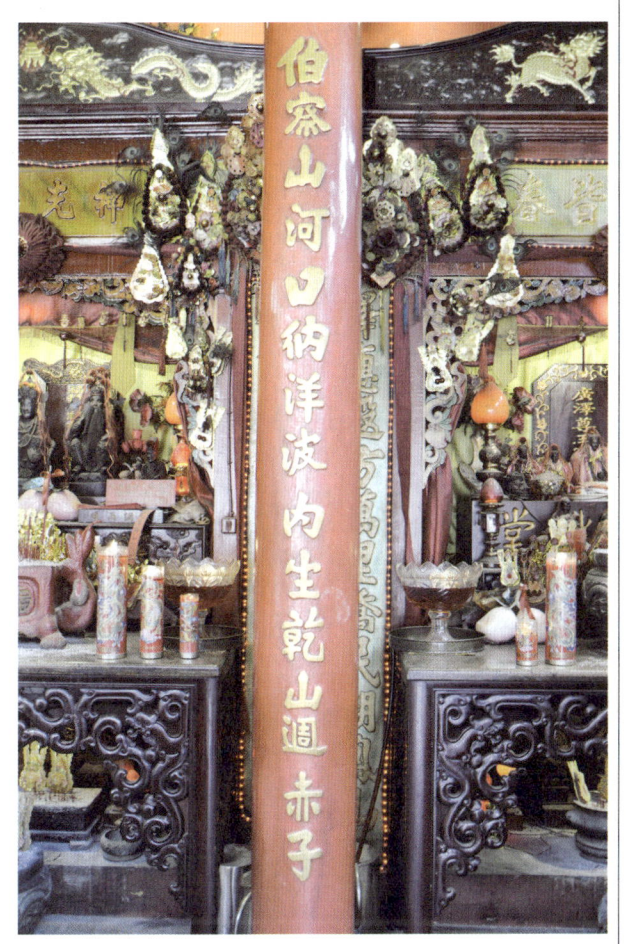

柱对联（P5）

伯察山河口纳洋波内生乾山周赤子（Pak Ji San Ho Nap Jong Nui Shen Kian San Ciu Chak Ci）

38 / 印尼山口洋的神庙与乩童传统

续表

柱对联（P6）
公观水秀长流海国庙朝巽水佑黎民（Kung Kon Sui Shiu Chong Liu Hoi Ket Miau Cau Cun Lai Min）

第二章 众沛公恩 / 39

续表

主神龛

福德正神/大伯公，大伯婆婆（Fuk Tet Cin Sin/ Thai Pak Kung Kung, Thai Pak Pho Pho）

大伯公公与大伯婆婆诞辰庆典在农历六月初六

续表

主神龛下

土地公、土地婆（Thu Thi Kung, Thu Thi Pho）

土地公与土地婆的诞辰庆典在农历二月初二

续表

主神龛对联（右）

公护口洋男妇老少尽平安

（Kung Fu Kheu Jong Nam Fu Lo Shau Chin Phin On）

续表

	副神龛（左） 广泽尊王（Kong Sin Cun Bon） 广泽尊王诞辰在农历二月二十二
	副神龛（下） 土地公，土地婆（Thu Thi Kung Thu Thi Pho）

续表

副神龛对联（左）

广施法雨千秋盛德垂炎岛

（Kong Shi Fab Ji Chian Chiu Shin Tet Chui Jam To）

续表

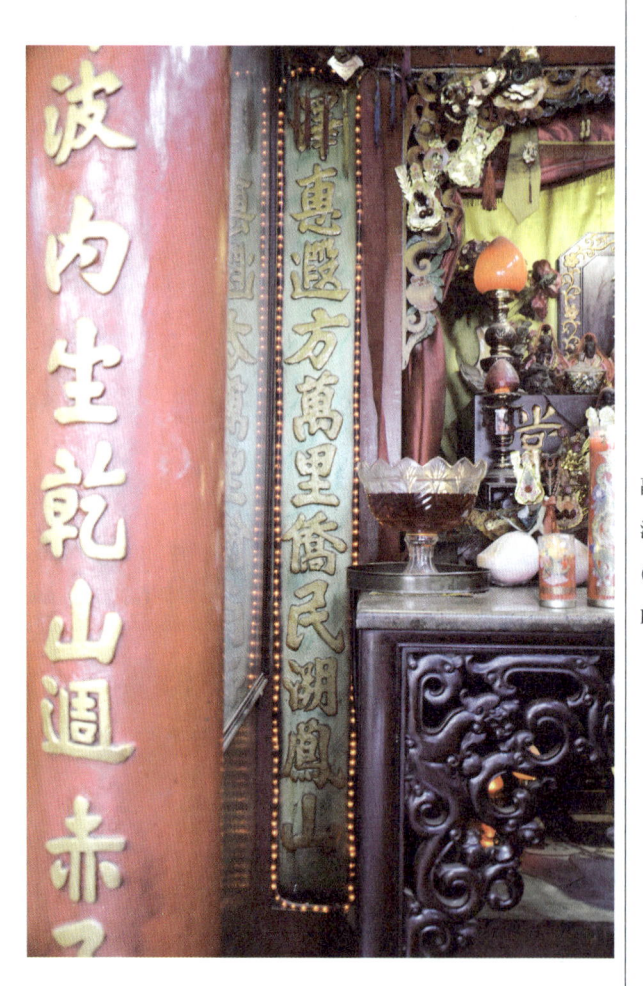

副神龛对联（右）
泽惠遐方万里侨民溯凤山
（Chet Fui Ha Fong Ban Li Khiau Min Nyak Fung San）

续表

	副神龛（右） 安济圣王（On Ci Sin Bong） 安济圣王诞辰在农历四月初六
	副神龛（下） 土地公、土地婆（Thu Thi Kung, Thu Thi Pho）

续表

副神龛对联（左）
安邦定国普天赤子沾圣德
（On Pang Thin Ket Pu Thian Chak Ci Cham Sin Tet）

第二章 众沐公恩 / 47

续表

副神龛对联（右）
济世利民大地侨黎沐王恩
（Ci She Li Min Thai Thi Khiau Lai Muk）

续表

墙壁对联（左1）
神灵赫濯藉德泽以惠华侨
（Sin Ln Lek Jau Cit Tet Chet Chon Fui Fa Khiau）

第二章　众沛公恩　/　49

续表

墙壁对联（左2）
伯号本崇隆德及群黎占大有（Pak Ho Pun Cong Lung Tet Cit Khiun Lai Min Cam Thai Jiu）

续表

墙壁对联（右1）
庙貌巍峨仗公恩而安南国
（Miau Mau Nyiu Ngo Cong Kung En Lu On Nam Ket）

第二章 众沐公恩 / 51

续表

墙壁对联（右2）
公心真恺恻恩周庶士庆恒丰（Kung Sim Cin Cai Chet En Ciu Cha Shi Kin Heng Fung）

续表

	正殿
	释迦牟尼佛

第二章 众沛公恩 / 53

续表

	天井（Thain Ciang）
	大蜡烛（*Lilin Kelapa*）

续表

	柱 柱础
	屋脊 双龙抢珠（Sung Liung Chiong Cu）

第二章 众沐公恩 / 55

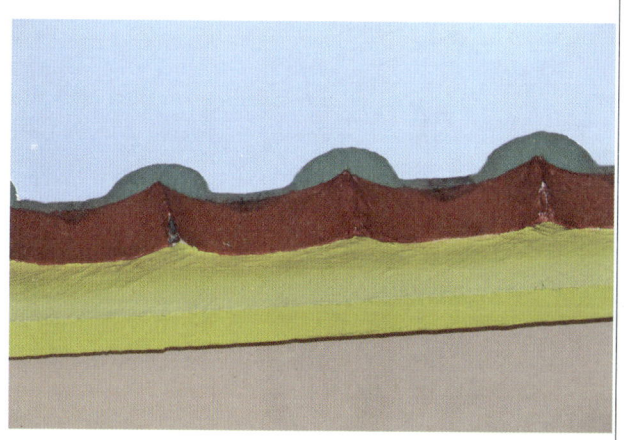

续表

	屋脊之燕尾造型
	屋脊边

续表

	瓦当 滴水
	窗风（Chung Fung）

第二章　众沛公恩　／　57

续表

	告示牌显示此庙已登记为旅游文化青年与体育部之文化遗产建筑
	钟彭（Chung Ku）

续表

	员光
	插角

第二章 众沛公恩 / 59

续表

	八卦结网（Pat Ka Kiat Miong）
	龙印天花（Liung Jin Thian Fa）

续表

庙外神龛（面向庙）

太阳星君（Thai Yong Shen Kiun）

续表

庙外神龛（面向大路）
太阴星君（Thai Jim Shen Kiun）

图片来源：蔡静芬摄

第三节　神庙修造师傅

山口洋的神庙数量如此庞大，相应的也就有很多人懂得如何修葺神庙。与砂拉越必需雇请外国工人来修建和翻新神庙的情况不同，山口洋基本上都是雇用本地人来进行神庙新建与整修，黄双辉师傅就是行业中的佼佼者。黄师傅拥有超过三十年的设计与修建神庙经验，从头干起，功力扎实。他不仅在山口洋及附近的万那、孟加影、索索克（Sosok）建庙，有时甚至远在坤甸、勿里洞和雅加达的人都慕名请他过去修建神庙。他也曾参加过东马沙巴一座寺庙的整修工作，以下是作者所询关于黄师傅修造神庙的经历。

黄师傅出生于1953年，青少年时期去一间陶瓷厂当学徒，之前曾受过几年的华文教育。空闲之余他也曾帮过一位亲戚修建房屋。他具备中文读写能力，故而经常受邀为神庙的柱墙书写对联。他从玩票性质的帮手，渐渐参与到整座神庙的修造工程当中，并最终投入神庙修造行业。目前黄师傅的长子已成为他的得力助手。

黄师傅说建庙时他会尽量满足顾客的需求，他认为建造神庙并没什么硬性规定，但遵守一些基本的规则将有助于确保建造过程平安顺利。例如，选取黄道吉日动土是极其重要的。据黄师傅所说，最好不要选在农历七月开工修造神庙，因为这个月份鬼门大开，"好兄弟"游荡人间，不适宜开展工作。如果硬要在七月修造，工程可能会遇上各种各样的问题，进度不会顺利。

黄师傅的客户多半是一些家庭或个人，个人可能是赞助建新庙来取代旧庙，家庭则往往是想在住屋或者土地旁边新造神龛或神庙。黄师傅说神庙的结构大同小异，举例来说，一间供奉土地神的庙跟供奉大圣爷（也就是齐天大圣、孙悟空）的庙体结构基本上是一致的。黄师傅指出，在所有神庙里，庙中央的神龛所供奉的必然是该庙的主神，这是大家心照不宣的共识。而陪祀的神明可能就要看神庙委员会（乩童）的决定了。当一座神庙起造后，某些神明会给神庙委员托梦，表示他（她）想被供奉在这里。

图 2—13　黄师傅——山口洋最出名的神庙修造者

(来源：蔡静芬摄)

当问及神庙的风水问题时，黄师傅说这很大程度上取决于客户的想法。一间神庙的风水不仅要看周遭的地理位置，还要顾及是谁出钱建庙。黄师傅反复强调并不是每个人想做什么就能做什么，这也包括赞助一座神庙的修造。庙不是说建就建，只有那些"和"（hap）到的人才能做，如果一个人跟某尊神明和不到，那么即使他拥有再多的钱也不能赞助建庙。然而，神明总是或常常会在和到神的人表达建庙意愿之前先挑选他们。如果一个人想要建庙，那么首先必须通过乩童寻求神明的指示，无论这个建庙的愿望是否被允许。

神庙里所有的数量都必须是奇数，例如五或三。根据黄师傅所言，只有奇数才能和到神（hap to sin），只有奇数才是能配上或适合神明的。他再次强调说，一座庙里面即使是门的数量也不可以是二或四等偶数，必须是奇数才能和到神。

图2—14　笔者正在向黄师傅请教神庙内部结构（1）

（来源：蔡静芬摄）

图2—15　笔者正在向黄师傅请教神庙内部结构（2）

（来源：蔡静芬摄）

第三章

山口洋的乩童

相信某些人拥有跟超自然界——特别是各种神灵——进行沟通能力的信念，至今依旧留存在许多华人民间信仰当中。当一个男人（或女人）展现出这方面的能力，会被认为是天赋异禀，即成为沟通人间与超自然界的管道。在人类学的分类当中，这些人士被称为灵媒（medium or spirit meium）。

在山口洋，"乩童"一词被人们广泛地用来指称拥有上述能力的人。特别自2008年起，山口洋的十五暝庆典被列为印度尼西亚国家级的观光项目之一后，"乩童"一词就更广为人知。然而，据调查所悉，当地客家人更喜欢用 phan tung 一词，也就是中文的"邦童"。目前这个词的精确定义尚未确定，一般认为能成为"邦童"的，是指那些被神明选做乩身的人。当地人更常用的说法是"坐基"（cho ki），即那些可以被神明附身（起乩）的人。一些阿公阿婆说"乩童"其实是当地俚语，也就是客家土话（tu fa）或粗话（chu fa），比较文雅的说法还是"邦童"或"坐基"。

用来指涉"灵媒"的名词在实际运用方面存在着地域差异。在坤甸地区的潮州人社群里，使用的是"落童"（lok tung）一词。在砂拉越，即使是客家人也用"落童"，而非山口洋客家人常用的邦童。至于在西马，"童乩"（tangki）的说法似乎更为普遍。

尽管各个地区所使用的名词不尽相同，但概念上都指那些被神明选中拥有进入入神状态（into a trance）能力的男人或女人，他/她能让神明上身，在东南亚民间广为接受。多位人类学家，像是白瑾（Jean DeBernardi)、陈美英及陈志明，已对此区的华人灵媒发表了许多作品。

陈美英在其《山口洋的乩童》一文（2013）中指出，"乩童"这种说法起源自"跳童"（tiao tong），意即"如灵媒般或唱或跳"。她也指出，"打童"（*tatung*）是指"展演神明附身"，灵媒通过这种联结成为神明和凡间的中介。如本章所示，山口洋的灵媒，或称乩童——不仅在十五暝游神时以锐物刺穿脸颊或身体来展演自伤行为，他们更为民众治病或化解难以解释的情况。

本章描绘的人物只是山口洋市成百上千的乩童中的几位，本章所呈现的民族志资料主要来自2016年3月至5月，以及7月至10月的田野调查，所能提供的信息仅是冰山一角，还有待进行更深入的研究。乩童不只是展演自伤，像是在扶乩时忍受坐在刀椅上等行为，他们更能在神明的"帮助"下替人治病。当某些难以解释的情况发生在某个可怜的人或不幸的家庭时，受苦的人就会向乩童寻求帮助。乩童被请到那些被"煞到"或遭邪灵作祟的人家去，扮演起沟通人神的角色，他们让神明以其乩身向人们发出指示并提供协助。在山口洋，乩童所提供的服务对社会福祉的提升有显著贡献。本章将详细介绍几位山口洋乩童的背景及经历。而具体分析部分将会在其他学术刊物上发表。除了十五暝游神时满街可见的固有形象外，本章也将重点介绍山口洋乩童所发挥的其他作用。

第一节　乩将世家

一个乩童家庭在山口洋的华人社群中十分出名。一家之主人称荣叔[①]或镶牙荣和他的十三个孩子大部分都是乩童，活跃于各种神明庆典活动。在过去的十年里，荣叔曾多次接受当地和国际媒体的采访，也经常受邀到中国香港、中国大陆、文莱以及马来西亚去帮人看风水或治病。

作者有幸在山口洋，以及荣叔海外旅行时与他在古晋晤面。这位深

[①] 译者按：愧惜的是荣叔于2018年尾驾鹤西归，山口洋失去了一位伟大的乩童，作者损失了一位尊敬的长辈。

受爱戴的乩童开朗健谈。在采访时，荣叔喜欢用华语与作者交谈，他的华语非常流利。以下我将简要叙述荣叔作为一名乩童，同时也是家族尊长的生平。

荣叔现年62岁，1954年出生在邦戛郊外一个名为假狮（Jawai）的小镇。七岁时，他跟随父母来到山口洋生活，其父亲是一位牙医，以替人镶牙、拔牙为业；母亲则经营一间杂货店。

他七岁时就已成为一名乩童，当时他们家刚刚搬到山口洋，他在一个种植园主的杂货店里帮工。荣叔回忆说在成为一名乩童之前，他生了一场怪病，四肢乏力，食欲不振，无论吃了什么都会因为反胃而把食物吐出来。平日待他很好的店主看到他的情况非常担心，带他找乩童寻求解决的办法。荣叔已不记得当时他去了哪个地方，只记得那位乩童告诉荣叔，他已经被神明选中了当乩童。老乩童把符烧化了给荣叔和水喝下，并叮嘱此后必须特别留意饮食。在那之后，他多次拜访那位乩童，并从他那里学到很多技巧。荣叔被赵刘元帅——一位融汇三圣神力的神明——选为沟通凡间的媒介。三圣神是指守护天界、抵御混沌的天将，在必要时也守护人间的祥和。在荣叔侍奉赵刘元帅之前，许多神明，包括泰神、伯公和印度神明也曾降乩在他身上。

荣叔说他不记得家族里有哪位祖先曾经当过乩童，也从未听长辈们提起过。在他们家的五个孩子中，他排行第二，但也只有他成了乩童。他相信这种能力是上天的眷顾，让他能够使用这个能力去帮助他人。他的家庭在他成为乩童后，一直给予大力的支持，他对此非常感激。他跟一位山口洋女子结婚已四十五年了，携手养育十三个子女（六男七女）。其中，所有儿子和五个女儿继承了他的能力成为乩童。荣叔说他当乩童已经超过五十年，这段年岁里，他竭尽所能去帮助他人。无论是滂沱大雨，或夜深人静之时，只要有人需要，他就会马上去帮助他们。即使有些人在得到帮助后并不会表示感激，却不影响荣叔助人的热忱。当我们继续深入这个话题时，荣叔回答说："我们本身并不寻求金钱回报，而是希望那些得到帮助的人们出来向我们的神明表示敬意……特别是在神明诞辰之时"，荣叔也强调这应该是互惠的关系，他说："当我们受到别人帮助，应该表示我们的感激，难道不是吗？"

当我问及荣叔是否有退休的打算，他说从来没有考虑过退休。趁现在身体还很硬朗，他会继续尽其所能去帮助别人。再问及他有什么愿望或企盼时，荣叔说希望孩子的学习能够顺利。目前，他的四个孩子（两男两女）仍在上学。他只受过五年的小学教育，因而明白文化水平不足会给生活带来多大的困难。在日常生活里，他会要求孩子们努力学习，特别是中文。对此，荣叔分享了他当初无法和来自新加坡、中国台湾及中国香港的女婿交流的经验——初见面时女婿们都不会说客家话，而他自己也不会讲普通话，他们之间的交流简直就是"鸡同鸭讲"。所以，荣叔不断地激励自己，反复学习华话。

我也向荣叔询问作为一名乩童的"注意事项"（dos and don'ts），荣叔说并没有什么特别严格的戒律。我也问到了在大型法事前，是否需要持斋一段时日？当地把"无油及无肉制品"的饮食称为吃斋（sit cai）。荣叔说更重要的是吃"心的斋"，"内心纯净比身体守戒更重要"。荣叔强调，他信奉神明这么久，神明也一直保佑他的生活幸福美满，这让他满足于目前所拥有的一切。

图3—1 荣叔和他的乩将们

（来源：黄诺曼摄）

表3—1　　　　　　　　赵刘灵坛供奉的神明名称

序号	神明名称	客家话或印尼语读音
1	拿督部帝阔蜡	*Datuk Budi Kolap*
2	北岳元帅	Pet Ngok Nyian Sai
3	西岳元帅	Si Ngok Nyian Sai
4	南岳元帅	Nam Ngok Nyian Sai
5	赵刘元帅	Chau Liu Nyian Sai
6	六岁孩子	Liuk Soi Hai Jie
7	东岳元帅	Tung Ngok Nyian Sai
8	中岳元帅	Cung Ngok Nyian Sai
9	拿督埠江裏托	*Datuk Bujang Kotor*

（资料来源：蔡静芬整理）

图3—2　身着赵刘元帅服装的荣叔，以及随身武器关刀

（来源：黄诺曼摄）

荣叔身上的五营旗（Ng Sek Ki）[①]代表了五个方向：绿色代表东方，红色代表南方，黄色代表中央，黑色代表北方，白色代表西方。

---

① 此为客家话发音。

图 3—3　荣叔一家

（来源：黄诺曼摄）

表 3—2　　　　　　　　黄庆荣一家

序号	中文姓名	身份证上的姓名	家中角色及兄弟姐妹排行
1	黄包律	Paulus Anican Wong	第十二子
2	黄恒黎	Hendry Frans Wong	第十一子
3	黄安安	Anthony B.	第七子
4	黄平平	Tjong Phin Phin	第五子
5	黄灯宏	Steven Wong	第四子
6	黄菲菲	Vivi Otavia	第二子（女）
7	黄姗姗	San San Otavia	第三子（女）
8	黄丽嘉	Felicia	第九子（女）
9	黄丽佳	Veronika	第十子（女）
10	黄母丹	Elan Mutan	幼子
11	张彩荣	Tjong Chai Djung	母亲
12	黄庆荣	Djie Khin Djung	父亲

（资料来源：蔡静芬整理）

第三章　山口洋的乩童　/　71

　　在整个家庭里，只有张彩荣女士（母亲）、黄丽嘉和黄丽佳不是乩童。在相片中有三名家庭成员没有出现［长子明明、第六子 Vera Mardona（女）和第八子 Stevan Wong］。

图3—4　北岳元帅的乩童黄平平

（来源：黄诺曼摄）

　　在荣叔十一位担任乩童的孩子里，第五子黄平平①是所有兄弟姐妹中最早成为乩童的。黄平平已是四个孩子的父亲，2016 年年末将迎来第五个孩子。谈及成为乩童的经历，他说在八岁时生了一场重病，并且处在一种"失心状态"②，那段时间他食欲不振，滴水不进。荣叔见状向赵刘元帅请求指示，而赵刘元帅回答黄平平已被选为乩童。黄平平所侍奉的主神是北岳元帅（Pet Ngok Nyian Sai），有时候也会被拿督峇都东海（Datuk Batu Tunggal）和拿督含恩巴栏（Datuk Hambalan）降乩，他在崇冬街（Jalan Condong）的家中设有神龛。他有时会帮荣叔照看分店的假牙生意，他同时也是一位闻名的刺青艺术家，而他本身就是一件活着的艺

---

①　黄平平在他 31 岁的时候逝世，他的去世对全家人及整个乩童界都是巨大损失。笔者是在 2016 年 7 月访问黄平平，而其逝世于 2016 年 11 月，正值本书英文版印刷期间。

②　当地人用此词来指脑中一片空白，客家话称之为"全无头绪"（No mor tung si）。

术品，全身都刻满着刺青。当被问到他自己如何看待成为乩童这件事时，他说就服从命运对他的安排。跟父亲一样，他也是被上天钦点"办事"与"侍奉"神明之人，他对目前为止的生活感到满意，他相信这是因为他们家总是尽全力地帮助他人。

图3—5　黄平平崇冬街住处的神龛

（来源：蔡静芬摄）

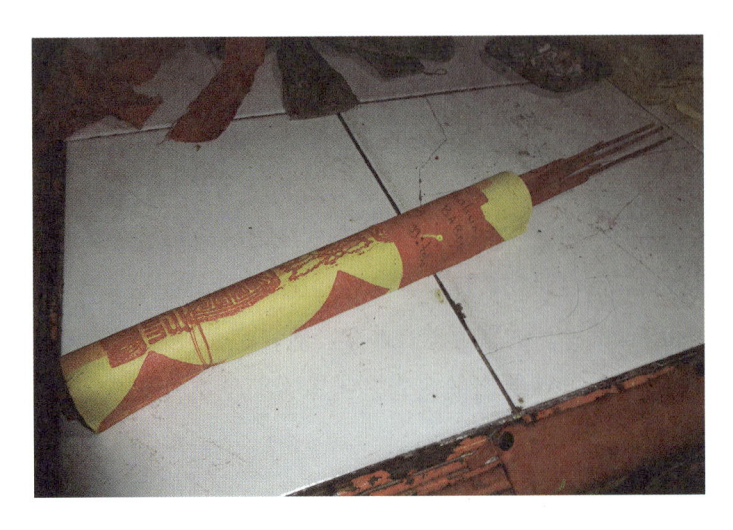

图3—6　神明生的请柬

（来源：蔡静芬摄）

图 3—7　一打短香，三柱长香，一对金花和六张金纸

（来源：蔡静芬摄）

黄恒黎是荣叔的第十一个孩子，七岁时成为乩童。黄包律是第十二个孩子，也在七岁那年成为乩童。黄恒黎是兄弟姐妹中，中文学得最好的一位，在新光明印华学校接受过六年教育，家中跟华语有关的事务都靠他帮忙。而比他小一岁的弟弟黄包律，也在同一间学校学习。黄恒黎和黄包律与兄长黄平平在崇冬街共用同一个神龛，他们俩常在山口洋及附近村镇的神庙庆典上现身。在庙会期间，也就是当地所称的"神明生"

（Sin Ming San 又称 *Hari Hlangtahu Pekong*），他们会用金纸裹着的金花和香烛作为请柬，向全城的神庙和神坛发出邀请。

兄弟俩都想尽可能多帮助父亲，两人也都对华文教育抱有极大的兴趣，希望未来能够成为一名教师。对他们来说，乩童是一种生活方式，或自从懂事以来就存在的状态。

图3—8　荣叔的第十一子黄恒黎的神龛

（来源：蔡静芬摄）

第三章 山口洋的乩童 / 75

图3—9 黄恒黎站在他穿着南岳元帅服的照片前

（来源：蔡静芬摄）

图3—10 荣叔的第十二子黄包律的神龛

（蔡静芬摄）

图3—11　黄包律在一个神明庆典上挥舞连七锤

(来源：黄诺曼摄)

图3—12　兄弟二人在孟加影一场伯公庆典上进入入神状态

(来源：蔡静芬摄)

第二节 砂理山的乩童

在砂理山脚下，祀奉着非常出名的老伯公公（Lo Pak Kung Kung），人称砂理山唛伯伯公（Pekong Pak Amat Gunung Sari）或简称砂理山伯公（Pekong Gunung Sari）。每到驱疫仪式的傍晚，山口洋的居民就会涌向这座神庙。该庙乩童的"展演"则是山口洋最精彩的神庙庆典之一。在十五暝当天的盛大仪式中，乩童们会随仪式节奏手挥曼稻刀（Mandau）[①]起舞，这就是人们所说的砂理山乩童，有时也被称为卡菈旺将军（Panglima Karawang）。卡菈旺将军曾经是一个为族人而战的当地英雄，他的灵魂据信仍以攀塔（Pantak）的形式存在，卡菈旺的"将军"之名来自其经常化身山主率领砂理山乩童。

图3—13 砂理山庙

(来源：蔡静芬摄)

---

① 婆罗洲达雅族的一种传统武器。

图3—14 十五暝时卡菈旺将军附身的乩童

(来源：刘翰俊摄)

攀塔是达雅族乩童中最主要的神灵。达雅族（Dayak Kanayatn）相信攀塔的雕像保存着为人民而战的英雄的灵魂，攀塔雕像一般由铁木（belian wood）制成。当一位备受尊敬的领袖或英雄与世长辞时，当地人会举办一场仪式来感激他的牺牲，或彰显他的成就。整个社群会以树立一座攀塔来纪念表彰，攀塔通常是成对的。人们相信逝去的领袖或英雄的灵魂通过仪式转移到攀塔雕像后，即能永垂不朽。

第三章　山口洋的乩童　/　79

图 3—15　吧旺山的攀塔

（来源：蔡静芬摄）

第三节　砂理山主唛伯

图3—16　唛伯，砂理山主

（来源：刘翰俊摄）

阿唛师父（Pak Amat），人们也称他为唛伯（Pak Mat）。1970年农历六月十四生，他在14岁那年成为乩童，在此之前他们家里没有任何人是乩童。他的师父（sifu）——也就是他所侍奉的神明，在他成为乩童前，不断出现在他梦中并引导他成为一位乩童。因此，用唛伯的话来说，他当乩童算是自学成才了。后来有很多人找唛伯拜师学做乩童，唛伯的徒弟们大多天赋异禀或得到神明的钦点才会当乩童，但他们仍需接受一定的指导，而唛伯就教导这些徒弟起乩/退乩、治病及画符等技巧。

唛伯主要服侍的师父（神明）是琶西山的老伯公公、可兰徘山（Bukit Kelampai）的埠江梅拉将军（Panglima Bujang Merah）和吧旺山的拿督峇都梅拉（Datuk Batu Merah），其中第一位是华人神明，后两位则是达雅族的神明，乩童们一般称达雅族神明为"达雅拿督"（*Dayak Datuk*）。拿督是对老人家及祖父的敬称。有时候青山伯公（Chiang San Pak Kung）和三宝公公（San Po Kung Kung）也会降乩在唛伯的身上。

图3—17　唛伯让一个乩童学徒进入入神状态

（来源：蔡静芬摄）

唛伯当乩童已整整32年了，这漫长的岁月里他始终活跃在山口洋大大小小的法事当中，他是90年代中期少数几位能爬满108阶刀梯的乩童。当时十五暝庆典就像其他华人节庆一样，大都被政府所禁止，多数乩童们的绕境活动更为低调，规模相较于今日也小得多。唛伯以同时作为华人神明和达雅拿督的乩童闻名当地，他被两个世界的神明降乩。

唛伯认为早于宗教信仰而存在的当地传统应该被保存下来，用唛伯的话来说就是"习俗为根，宗教为果"（*sebelum ada agama, adat sudah wujud*）。他说，人的一生中存在各种可能的发展道路，如果某人选择了其中一条，那很好，但这绝不应该让他比做其他选择的人更卑微。唛伯提到，我们无论信仰何种宗教，都应该尊重既有的传统，人们也不能因为信仰的差异而去贬低其他人的信仰。唛伯认为，若人人都能学会尊重他人的一切，生活会更简单美好。他举了一个生动的例子——人类和神灵彭努谷（penunggu）①，早在人类栖身于广袤的天地之前，彭努谷就已存在世间；而当人类大兴土木建房修桥，无疑是侵犯了彭努谷的领域。唛伯提问："如果一个人大摇大摆地霸占了你的房子，你会觉得开心吗？"他进一步补充，"这就是何以彭努谷的传说在人间流传的原因。"当有人在这种情况下请唛伯帮忙，他就会礼貌地向彭努谷请求宽恕。他说我们不能粗暴地赶走彭努谷，而应该礼貌地请求他们离开，别再影响我们的生活，当人和超自然界和谐共处时，人们的生活才会祥和，唛伯如是说。

图3—18 唛伯在砂理雍（Saliung）的一场神明生庆典

（来源：蔡静芬摄）

---

① 彭努谷（Penungu）或彭加甘（Penjaga）一般是指那些居住在山川草木之中的某种神灵或守护者。

当被问及未来有何打算时，唛伯说他会一直帮助那些有需要的人，直到他离开人世的那天为止，因为他是被师父（神明、拿督）所选中且托付办事的人。到目前为止，徒弟们跟着他学习如何助人，也不断成长，唛伯对此感到非常开心。唛伯认为帮助他人需要同时具备耐心和热情，而非寻求任何金钱上的回报。徒弟们都很受教且怀着纯正的心念去助人，令他感到欣慰。

图3—19 唛伯在礼壤（Lirang）一场神明生庆典中上刀轿

（来源：蔡静芬摄）

图3—20　唛伯和他的乩童徒弟们

（来源：蔡静芬摄）

表3—2　　　　　　　　　印度尼西亚神明的名称

序号	印尼神的名称
1	瑟啦善岛黑檀将军（Panglima Hitam Pulau Serasan）
2	珀挺山那唛神（Nek Machan Gunung Poteng）
3	日胺＊比洼摁山黑檀将军的副手（Rian ＊ Assitant to Panglima Hitam Gunung Bawak'ng）
4	拿督昂萨璞琨（Datuk Angsa Putih）
5	拉雅山黑檀将军（Panglima Hitam Gunung Raya）
6	拿督哈日茂璞琨（Datuk Harimau Putih）
7	比洼摁山黑檀将军（Panglima Hitam Gunung Bawak'ng）
8	特忍帕神仙（Dewa Terempak）

（资料来源：蔡静芬整理）

图3—21　唛伯在礼壤的一场神明生庆典中上刀轿，唛伯的场子总能吸引众人围观

（来源：蔡静芬摄）

图3—22　唛伯进入入神状态

（来源：蔡静芬摄）

图3—23 唛伯入神状态时坐在一张刀椅上

(来源：蔡静芬摄)

图 3—24　唛伯正在作法治疗一位女病患

（来源：蔡静芬摄）

图 3—25　唛伯正在治疗一位男病患

（来源：蔡静芬摄）

第四节　砂理山的大师兄

黄伟尼，更多人叫他阿尼，是山口洋市北区三条江（喇杜色埔塔街）的居民。他在 27 岁时成为一名乩童，是砂理山神庙的大师兄，目前正协助唛伯管理这座神庙。

图3—26　砂理山伯公庆典时阿尼躺在刀梯上

（来源：黄诺曼摄）

阿尼分享了他成为一名乩童的经历。那时他刚结束在砂拉越美里（Miri）拉博（Lapok）一间工厂技师的工作回到家乡。某天晚上他和朋友们在亚答滩边垂钓，他发现有一只白鹅在偷吃他鱼篓里的鱼获。他试图赶走这个不速之客，不断地作势吓唬无果后，阿尼捡起一个石头朝它扔了过去，这只鹅突然变成了一个白胡子老人，且立马消失不见。不一会儿阿尼拎着鱼获往烧烤架走去，这时鹅又出现了，还一直追着他跑。此时，阿尼迅速转身并且又向鹅砸了一块石头，鹅不再追他，转身逃到了附近的树林里面，阿尼跟了过去，但在林子里竟无法找到它。突然间，林子里的树在无风情况下剧烈地晃动起来。阿尼觉得不太对劲，于是匆忙逃出林子。

经过一夜折腾，阿尼回家后完全无法入睡，总觉得被人掐住脖子，擒住手腕且不断用力掐他的身体。过程中他一度停止了呼吸，他的母亲和妹妹以为要失去他了，都急得哭了出来。家人立刻把他带到砂理山乩童处，让乩童看看到底发生什么事。阿尼回想起来，在恍惚间他又再次看到那位长胡子老人，老人问阿尼为什么要用石头砸他，阿尼则反问老人为什么偷他的鱼。老人说："你擅自闯入我的领地，而且未经允许就在内钓鱼，你必须赔偿我。"阿尼问老人要怎么补偿，老人回答说阿尼必须作为乩童来服侍他。老人自称是拿督昂萨璞琞（Datuk Angsa Puith），是当地的一个神灵。经一番思索后，阿尼同意了。从那天开始，阿尼成了拿督昂萨璞琞的乩童，有时也会被谷柠将军（Panglima Kuning）和拿督巴挹布谷柠（Bambu Kuning）降乩。

阿尼被认为拥有乩童的血统，他的祖父黄伯伦（Bong Ki Nyian）又称先生伯，在世时是一位非常出名的医者。先生伯于1997年与世长辞，享寿高龄84岁。黄伯在八岁时成为一名乩童，他医术精良，一生中治愈了无数病人，至今仍是山口洋最好也最为人称道的乩童，各方民众不舍远近而来，甚至新加坡、马来西亚和文莱都有人慕名求医。据阿尼回忆，他们家每天都挤满从各地前来求诊的人，即便是春节，找他祖父治病的人依然络绎不绝。他的祖父很少出门，因为几乎无时无刻都在家里接见病人。先生伯侍奉的神明是大土神帝（Thai Cu Sin Ti），这位神明时常会降乩在他身给病人开药方。有时，他也会在纸上画一些符咒给病人，让他们把符咒烧成灰，放进一杯水里搅拌后喝下，又或者将符咒烧成灰，放进一盆水里搅拌用来洗澡或擦拭身体。阿尼说他小时总是对祖父所做的事情感到好奇，他有个深刻的印象是，祖父在某次为人治病时，将自己舌头顶部的一小块割下来放在一碗水中，随后他的祖父用这碗水画了一张符，并且贴在了那个濒死的病人身上。阿尼无法完全记起那次治疗的细节，但是他清楚地记得那次过后祖父的舌头仍然完好如初，未见任何损伤。

图 3—27 著名医者黄伯伦也就是先生伯的家

(来源：蔡静芬摄)

图 3—28 黄伯伦的相片

(来源：蔡静芬摄)

图 3—29　黄伯伦家的神龛，他在大土神帝指引下给人治病

（来源：蔡静芬摄）

图 3—30　阿尼为神庙庆典做准备

（来源：蔡静芬摄）

图 3—31　阿尼和唛伯在邦戛的一场法事中师徒合体上刀轿

（来源：蔡静芬摄）

图 3—32　阿尼在礼壤的一场法事中上刀轿

（来源：蔡静芬摄）

阿尼希望有朝一日也能像祖父般成为一位出色的乩童，目前他正在砂理山伯公庙帮忙，努力跟着唛伯学习。当乩童并不轻松，他说："有时候我们不能控制自己的身体与当下状况"，他又补充道："但只要我们一心助人，就能克服一切困难。"

第五节　达雅乩童

黄倪世（Bong Nie Say 音译），1987年出生在砂理山，现年31岁，16岁时成为乩童。据黄师父所言，他家族有乩童的血统。尽管其父并不是乩童，但是他的曾祖父却是一位很出名的乩童，是华人神明的乩身。他的祖父具妙手回春之术，坤甸、雅加达、新加坡、马来西亚，以及整个西加里曼丹都有人慕名而来。

他的曾祖父是中国移民，远渡重洋来到打捞鹿开金矿。他的八位兄弟姐妹（五男三女）当中，就有两人是乩童。

黄倪世16岁那年，出现身体不适、焦躁不安兼食欲不振的情况，这些正是他成为乩童的"征兆"。终于在某个夜晚，一位身着腰布（cawat）的老人出现在他梦中。双方对视，一夜无话。根据黄师父回忆："那只是一位达雅族的长者在我病得最重时出现在梦里。"家人将他带到了恩迪贡见一位著名的达雅乩童，乩童告诉黄师父说他注定成为一名达雅乩童。从那天起，他就在这位恩迪贡师父的手下当弟子，学习传统的乩童技艺。也是从那时起，所有的疾病、焦躁都离他而去，他的胃口也好了起来。

问及将近15年的乩童经历时，他说乩童需要接受训练且有了一定的经验后，才能承受神灵降乩或退乩在他/她身上的过程。他用"不请自来，不告自去"（Datang tanpa diundang, pergi tanpa beritahu）来形容神灵进入及离开的过程。缺乏训练的乩童可能会在这些过程中遇到麻烦，当神明退乩离去时，年轻的乩童学徒陷入崩溃的情况十分常见。他会感觉到像跌落地板撞到东西，也有人在神想要进入他身体时剧烈晃动、口吐白沫；甚至有人会在神明进入时不断呕吐，整个入神的时间拉得很长。

反观经验丰富的乩童，神明降乩的过程则会顺利得多，因为他们知道神明的不同习性。请黄师父进一步解释时，他提到，像我们当乩童的必须了解不同神明的习性及好恶。若是一个拿督进来了（意指附身）他会知道，即使是他在入神完全无意识的状态下。黄师父也说，乩童必须保持敏锐的感知，也因此更需要向老师学习。师父会教导弟子，起乩之前应该做好哪些准备。黄师父也提到，许多人往往被十五暝游神的印象所误导，以为乩童的高超法力表现在其自伤的程度上。他认为乩童最重要的是时刻保持谦逊，准备好帮助他人。

图3—33　黄师父给幼童治病

（来源：蔡静芬摄）

作者十分荣幸能目睹黄师父给两个幼童祛病。在访谈进行时，一位年轻祖母在长孙女的陪同下，带着她两个生病的小孙子过来。这两个孩子随父母从外地游玩刚回到山口洋，父母已经返回外地的工作岗位，把几个孩子托给祖母照顾。两个孩子都生病了，比较小的那个由祖母背着，祖母说这个孩子整晚高烧不退，哭闹不停。他姐姐也在发烧，而且只要太阳下山后就一直在嚼着什么东西,还会自言自语。听了祖母的解释后,黄师父就开始在神龛前祷告,随后他点了一束香,并放在孩子的脑袋旁。他念念有词接着向香及孩子的头部吹了一口气。他又从盒子里拿出一张红纸,在神龛前的桌面上摊开,于纸上画符。符画好了之后,他拿起红纸在神龛的香炉上转了几下,同时嘴里开始念咒。当这一切完成后,他把红纸交给孩子的祖母,并让她准备一盆花水给小孙子洗澡。祖母问需要哪些特定种类的花,黄师父说不用,只要在盆里放几种花就可以了。

图3—34 黄师父在十五暝法会时所穿的服饰

(来源:蔡静芬摄)

图 3—35　房屋前的啦啄神龛

(来源：蔡静芬摄)

随后，黄师父转去看了看比较大一点的孩子。小女孩正坐着，嘴里仿佛嚼着些什么。黄师父问她嘴里有什么，小女孩没有回答他。小孩的祖母说自从旅行回来之后，这孩子就一直这个样子。黄师父摸了摸孩子的头，并问起这孩子喃喃自语的情况是不是已经持续一段时间了，祖母回答说是。黄师父回到了神龛前，取出一张红纸又画了一张符，随后他同样把红纸放在香炉上转了几下，念了咒语。接着，他拿出一张白纸写下药方，便将一红一白的两张纸一并交给孩子的祖母，要她到镇上按方抓药，同时把红纸烧成灰伴水后让孩子喝下去。祖母看着两张纸点点头，同时把黄师父的话又重复了一遍。祖母带小孙子离开前，给了黄师父一个小红包，黄师父让她把红包留在神龛上就好。随后他回到客厅座位上，继续我们的访谈。

自从2008年十五暝游神盛大公开举办以来，黄师父几乎年年参加。如果接到其他庆典的邀请，他也会到场。问及他是否会把乩童的血脉传给自己的孩子时，黄师父说长女安吉丽娜（现年七岁）将会继承衣钵。安吉丽娜未来注定会成为乩童，她出生的时候产房里能够明显闻到安息香（kemenyan）的味道。黄师父说，当时所有的拿督神灵都来看望这个新生儿。

图3—36　黄师父房间里的神龛

（来源：蔡静芬摄）

主神：啦啄公公
副神：大伯公公、药王仙师、白常将军、铁甲将军（由左至右）

图3—37 2016年十五暝法会上的黄师父

(来源：黄倪世摄)

黄师父说，乩童并没有什么固定的戒律或注意事项，他总是在要作法的那天保持平静，不要有太大的情绪起伏。他说："如果我们能够整晚都保持平静，任何问题都能迎刃而解。"他觉得现在的年轻人都十分急躁，经常收不住脾气而拳脚相向，常常使用暴力去解决问题。最后，他讲到"冤冤相报何时了"，暴力只会带来更多痛苦。

问及他是否会一直以一名乩童的身份生活，还是到了某个年纪就歇手时，黄师父沉默思索了片刻，随后他点一根烟，吸了一口说："我不知道。但是只要神明还需要我侍奉，我就会一直做下去。"他进一步强调乩童就是天选之人，必须有颗纯净的心，切不可贪财。他说有些乩童沉迷金钱收益而失去"法力"，他们最终将失去神的信任。黄师父说，为了钱财而去给人驱疫祛灾是不对的，乩童应该以帮助别人为目的，一个人之所以成为乩童正是因为神明选中了他，他必须借神明之力去帮助世人。

图3—38　等待菜篮神降临并进入篮子

（来源：蔡静芬摄）

第六节　菜篮神乩童

在山口洋市中心靠近拉拉车站街（Jalan Stesen Bengkayang），有一座十分出名的菜篮神①神庙。菜篮神是进入篮子里使信众以手托扶产生晃动的神明，当菜篮神进入，篮子也就成为乩身，便可开始问事。当有人想要向菜篮神问事，其信众就会点燃一束香并且向神祈祷，随后篮子开始晃动，预示着菜篮神已经降临。这时，信众们会托扶篮底两端，并在篮子顶部系上一支笔，菜篮神就会开始移动并用这支笔在纸上写下答复。在整个过程中，信众实际上并未挪动他们的手，却见篮身凭菜篮神的旨意来回移动。菜篮神的神谕大多是以中文书写，然而在山口洋，大多数人都不懂中文。正因为如此，更足以证明信众只是托着篮子，真正写下

---

①　菜篮即用来装菜的竹篮。

神谕的，乃是菜篮神本身。

图 3—39　谢师父兄弟托扶菜篮神降乩

（来源：蔡静芬摄）

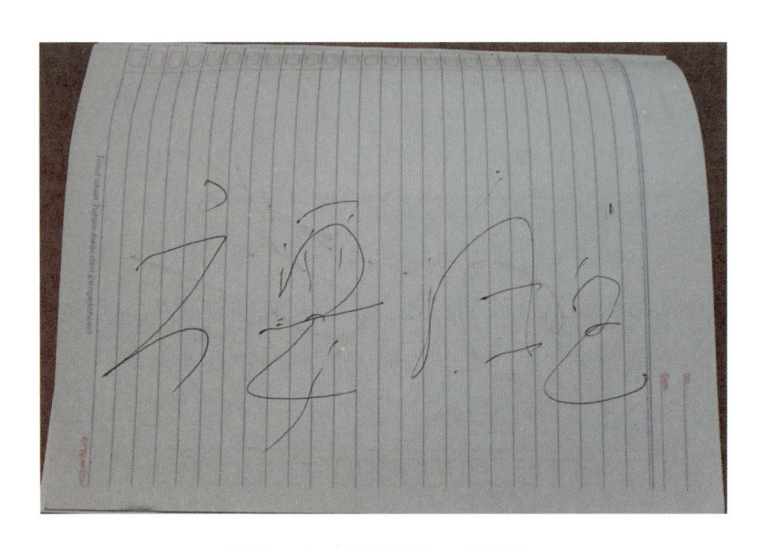

图 3—40　菜篮神文王的神谕

（来源：蔡静芬摄）

在拉拉车站街的菜篮神名为文王，谢氏家族的守护神，谢家的成员自称文王的信众，目前神庙由家族的第二代打理。谢氏家族的第一代成员包括谢氏兄弟两房，两兄弟的子女则构成第二代。谢保茂是大房长子，被视为菜篮神神庙的主理人。目前谢氏家族的第二代成员里有十一位是乩童，每年农历六月七日是文王的诞辰，许多乩童应邀到文王神庙前贺寿。谢师父本人也会在神明诞辰时扶乩。

图3—41　在自家神庙神明生进入入神状态的谢师父

（来源：蔡静芬摄）

问及谢师父为什么会成为乩童时,谢师父认为这是祖先为他选定的人生道路。就像他的父亲和叔叔一样,神明选中他担任沟通神界和凡间的媒介,但这条道路并非人人能走,除非是命定之人。就像世界上所有的工作一样,没有那一项是轻松的。任务也好,工作也好,都有高手与凡夫之别。谢师父说,只要总是尽心尽力去做,努力做到最好,那么所有的任务都能得心应手。

图3—42 谢师父的侄女在自家神庙庆典上进入入神状态

(来源:蔡静芬摄)

图3—43 受邀参加菜篮神文王神明诞辰庆典的乩童正在作法

(来源：蔡静芬摄)

图3—44 围观菜篮神文王神明诞辰庆典的群众

(来源：蔡静芬摄)

第七节　女乩童

塩潭（Kailiasin/Jamthang）附近有一位以精于算命（son miang）著称的女乩童，山口洋和邻近地区的人们都会找她预卜前程。情侣找她询问两人八字（Pat zi）① 合不合，能否结婚；打算出外工作的年轻人请她建议最适合自己的选择；商人来此请教哪些生意或投资能赚得盆钵皆满；当然更多人想预知自己未来的吉凶祸福。

刘春娥（Liu Choon Ngo 音译）担任乩童已将近三十年了，她从二十多岁起就成为一名乩童。她是假狮人，婚后随丈夫搬到塩潭。她所侍奉的是太上老君（Thai Shong Lo Kun）和白衣娘娘（Pak Ji Niong Niong），她既会作法也能用八字来为客户断定吉凶。她更以为产后妇女祛病而闻名，若怀疑被孤魂野鬼"冲煞"或"抹到"（mat to），母亲就会带着小孩来找刘姨。刘姨论命神准，治病见效，因此家中门庭若市。

图 3—45　入神状态的刘姨

（来源：蔡静芬摄）

---

① 一个人出生的年、月、日、时的干支，即生辰八字。

图 3—46　入神状态的刘姨，太上老君降乩

(来源：蔡静芬摄)

根据刘姨所说，女乩童和男乩童并没有什么不同，唯一的区别就是女性在月经期间无法进入入神状态，因为月经期间的女性身体被认为是"肮脏"的，因此神明不愿意附身。刘姨说，除此之外，"一切都一样"。刘姨的六个子女中没有一位是乩童，她坚信神自有一套标准，只有符合此一标准的人才有可能被选中，这套标准也只有神知道。有时候，某些神灵会根据个人特质来进行选择，有的神灵则会根据特殊的八字来挑选。如果乩童与神明的八字能相互吻合，双方的配合就会十分顺畅。刘姨坚信一切皆有定数，她说："我们的现在和将来早就被八字注定了。"但她提到有些方法可以改变人的命运，她也说："我的师父会提醒人们该做些什么，可以让他/她的生活变得更加顺遂。"

"前世造孽，后世偿还。不是不报，时候未到。因而我们必须做些什么以偿还前世欠下的债，如此才能善终。"她举了一个例子，如果一个人在前世偷了东西，她的师父就会建议这个人现世要乐善好施，破财消灾，偿还前世欠下的债。

刘姨相信，如果一个人一直行善积德，那么他/她的生活就会更加顺遂，或许善报不在此生，来世才报，她深信这个规则同样适用于乩童。刘姨笑着说："如果乩童不求回报地去帮助他人，那么他们一定会有好报。不是不报，是时候未到。"

第八节　乩童服装师

尤三俊（Jiu Sam Choon 译音），当地人或昵称"刘伯"，是山口洋地区少数几位制作乩童服装的裁缝师。他也会收到来自雅加达、文莱和砂拉越等地顾客的订单。才六月初，成打的来年（2017）十五暝游神的服饰订单就已送到他手上。刘伯拥有十余年的乩童服饰制作经验，他的祖父和父亲也从事这一行。早年的他以卖面为生，只是空闲时偶尔义务帮忙，直到父亲上了年纪后，他才接手这门家族生意。

刘伯本身也是一名乩童，在他快三十岁时首次被蔡公（Chai Kung）降乩，蔡公的神力主要体现在辟邪除恶。根据刘伯所述，有时邪灵恶鬼可能会通过附身来"染指"人间，一旦附上，便会将该户人家闹得鸡犬不宁，被附身者的行为会变得十分诡异，会无缘无故大喊大叫，甚至毫无理由地攻击他人。遇到这种情况，蔡公会先礼貌性地询问鬼想要些什么才愿意平静地离开这个人的躯体。若是鬼听劝，蔡公便吩咐这家人将鬼想要的东西准备好以安抚之。要是敬酒不吃吃罚酒，蔡公就会略施法力将鬼逼出此人体外。刘伯说，一般情况下蔡公不会采用强硬手段驱鬼，以避免恶鬼过后采取某些报复行为，造成新的麻烦。因而在绝大多数情况下，事情都以和平的方式解决。

　　刘伯的儿子们和一些乩童朋友会协助他制作服装。刘伯膝下育有二子三女，然而家中的女人并没有协助制作衣服，根据琴姐（刘伯的妻子）透露，女性的身体被视为不洁，若参与制作乩童的服饰恐怕会玷污有关衣服，穿上起乩可能会造成意想不到的事故。

图3—47　刘伯在绘制乩童服装的设计图

（来源：蔡静芬摄）

　　在这方面，刘伯的幼子里欧帝（现年13岁）为其得力助手。里欧帝是家里年纪最小的，也是一名乩童，所侍奉的神明是黑武林将（Hek Bu Lim Ciong），偶尔内咔颜（Nek Kayan，一位达雅拿督神灵）也会降乩在他身上。里欧帝有时也会在家里的神龛前给人治病。问及里欧帝为什么选择成为一名乩童时，他只是笑笑说自己也不是很明白，但是他讲述了在十五暝游神和其他神庙庆典上的一些趣闻。刘伯说："他只是一个孩子，还不懂得成为一名乩童意味着什么。等他长大一点，自然就会了解他所肩负的责任以及神明的嘱托了。"当我将同样的问题抛给刘伯，他这样回答："并不是我们自己可以选择要不要成为一名乩童，我们是被神明选中的，所以我们必须去服侍神，同时帮助人们，帮助人们拥有更好的生活质量及生活方式。"根据刘伯所述，一个乩童不应该滥用其能力，他讲了一些乩童滥用法力敛财的故事，并对此表示鄙视。刘伯说："乩童是天选之人，他们拥有跟神明交流的独特能力，应该用神所赋予的能力去回应神的期望，帮助他人，而不是靠着这种能力四处敛财。"刘伯从不为他所缝制的服装定价，一般都是由客户自行决定该付多少钱，他说"人生不是只有钱而已，如何活出有意义的人生更重要，我们就尽己所能，剩下的事交给神明来安排"。

图3—48 一件已经完成的乩童服装

（来源：蔡静芬摄）

图3—49 刘伯在邦戛的一场神庙庆典上被蔡公降乩

（来源：蔡静芬摄）

图 3—50　刘伯帮他将参加庙庆的幼子里欧帝做准备

（来源：蔡静芬摄）

第四章

十五暝

在这一天，附近村落的华人都会涌向这座小城。城里四处张灯结彩，手持火把和五颜六色灯笼的人们将城里的每一座神庙都挤得水泄不通。在喧嚣的音乐声中，人们彻夜狂欢。最终，当神明回到他（她）们的神庙和神龛时，众人已沉醉在节庆的氛围里。（1898：12－13）

上面这段转引自 Heidues（2003）的描述，是一名荷兰殖民官员——阿德瑞阿尼（Adrinai）所写下的关于1879到1882年间西加里曼丹华人居住区情景的回忆文字。被问及乩童的传统时，当地华人会将之回溯到祖辈18世纪初抵山口洋时，乩童在山口洋帮助人们洗街净境，去除瘟疫、疾病与不幸。客家话一般将此一仪式称为洗路（sei lu），相信洗路会为当地居民带来幸福和好运。正是所谓"洗走千灾，招来百福"（sei ceu chian cai, caul oi pak fuk）。

十五暝也就是元宵节，在每年农历正月十五，也宣告着全球华人从正月初一开始欢庆的农历春节进入尾声。在砂拉越——全马来西亚也是如此，人们会像庆祝除夕一样全家聚在一起吃饭团圆。近些年有越来越多年轻男女在元宵节当天抛柑入河，祈求美满的姻缘能够降临在自己身上。一些华人社团也会举办诗歌朗读或猜灯谜等活动。

而在山口洋，十五暝（Cap Go Meh，CGM）是一场聚集二十万人的盛会，相较于十五暝，当地客家人更常用的说法是"正月半"（Zhang Yet Ban）。这是一个一连三天的庆贺春节结束的节庆。① 2009 年印度尼西亚政府将山口洋的十五暝列入国家旅游发展项目后，十五暝游神就此成为山口洋的主要观光看点。② 根据当地媒体报道，去年（2015）山口洋共吸引了将近十万人前来观光，十五暝作为山口洋的名片将之推向世界，来自新加坡、中国台湾、中国香港和大陆甚至远从意大利而来的媒体都竞相报道这一盛况。许多在外地或其他国家工作的山口洋年轻人通常要参加完正月半庆典后，才会回到工作地点。庆典每年正月十三开始，人们手提灯笼，跟着舞龙舞狮的队伍上街夜游。正月十四当天，乩童们会在附近道路展开洗街（洗路）的仪式，沿途经过神庙行拜庙之礼。到了正月十五，山口洋的乩童全部出动循着游行路线，频频做出令人瞠目结舌的自伤举动，像是赤脚站在带有锋利刀片及钉子的刀轿与刀梯上。

有人可能会好奇——"为什么选择在农历新年的最后一天才举行巡境游神？为什么不选择其他的日子呢？"当地一些年长的受访者表示，新年到了要大扫除，人们要去"洗路"也是为了在新年之初将一切疾病和不幸通通洗刷干净。春节期间，亲朋好友齐聚欢庆，一直到大年十五，大家比较有空陪伴家人和朋友，也会有空一起参加"洗路"仪式。以同样的问题询问当地乩童或神庙委员会"为什么选在春节的末尾才进行大规模洗街"，答案也很类似。他们说，所有在去年腊月二十四返回天界的神明都在新年正月十四时重返人间。③ 因此在众神归位时进行"洗路"仪式是再恰当不过了。

正月十四是"洗路"仪式，隔天则是乩童游神。这两个活动究竟有

---

① 苏哈托总统执政的 1967—1998 年间，农历春节庆典在印尼被明令禁止。直到 2000 年瓦希德总统上台后此一禁令才解除。2002 年梅加瓦蒂总统将农历新年列为国定假日。

② 参阅陈美英对 2007 与 2008 年山口洋农历春节庆令人印象深刻的文章。Margaret. Chen, *Chinese New Year in West Kalimantan: Ritual Theatre and Political Circus in Chinese Southern Diaspora Studies*, Volume 3. 2009, pp. 106 – 142.

③ 据信神明在每年农历十二月二十四返回天庭向玉皇大帝汇报凡间是非。一位 65 岁的庙祝说："这就好像向老板交业绩报表。"神明们会在每年正月十四重返人间，维护秩序使人类免受邪魔侵扰。

什么区别，接下来几个段落将进行简要介绍。

图4—1　2005年正月十四的"洗路"仪式

（来源：刘伯提供）

第一节　十四，正月十四

山口洋的华人将十五暝的前一天称作"十四"（Sip Si, 14），意为正月的第十四天。当地人在这一天进行"洗路"活动。当天天刚破晓时，众神庙里皆已满是信徒。早上七点，神庙的乩童开始作法进入入神状态。他们随后走出神庙，在信徒和助手的簇拥下绕行附近的街区。随行的信众会沿途从桶中取水洒净，这桶水里浸泡着抹草（mat cho）①（一种据信能辟邪抗煞的叶子），乩童们沿路诵咒，伴随着锣鼓节奏起舞。乩童会进

---

① 抹草的学名是金剑草（Anisomeles Indica），一种在砂拉越及西加里曼丹的客家社群广为使用的草叶。不少华人会在房屋周边种抹草。据说抹草能使鬼怪及邪灵害怕忌避而不敢进入屋内。鲁勃安都、实加朗的伊班社群则以另一种名为"*Selukai*"（舍如开，哥纳香科植物）或称 *Penyapu Cina*（中华金剑草）的叶子来达到相同的驱鬼避煞效果。

入沿途路过的每一间神庙行拜庙之礼。根据玮萨塔道（Gang Wisata）的一位乩童所述"在春节时，人们纷纷访亲拜友，相互祝福；而到了正月十四，神明们也会相互拜访，以示对彼此的尊重。"一位年长的乩童说道："就像人类一样，神无分大小，大家都一样，华人、达雅人、马来人都是平等的，没有哪个种族比其他种族更优越。神明都是一样的。而这也就是为什么神明会降乩在乩童身上，通过乩童进入神庙向其他神明行礼致敬。即使在神明之间，相互尊重也是很重要的。"

图4—2　2005年正月十四的"洗路"仪式

（来源：刘伯提供）

图4—3 2016年正月十四乩童走出神庙到附近进行洗路仪式

（来源：刘翰俊摄）

图4—4 一桶抹草水，据信抹草有驱邪作用，"洗路"时人们将之泼洒在街上

（来源：蔡静芬摄）

图4—5 有时紫荆叶（*Latok jap* 或 Thiat Shu Jap 又称 *Daun Juang*）[1]
也会加到具有驱邪作用的抹草水中

（来源：蔡静芬摄）

第二节　正月半，正月十五

在正月半（或十五暝），乩童们一早就再次离开自己的神庙，他们这次带上刀轿（Tor Khiau）[2] 或钉轿（Ku Khiau）[3] 聚集在一起，有些队伍也会在轿上安放一或数尊神像和香炉一同赴会。在锣鼓乐声中，他们朝着集会地点行进，乩童队伍会随着大队前进，登上刀椅，或站或坐在尖锐的刀钉之上。当地人提起自己跟在乩童队伍后面开赴集合地点的儿时记忆，其中一位已是杖朝之年的退休教师——来自巴西兰的洋伯想起小

---

[1] 朱安叶（*Daun Juang*）的学名是朱蕉（Cordyline Fruticosa），西加里曼丹的雅达社群相信其叶有避邪驱鬼的效果。达雅族乩童作法时常使用朱蕉叶。
[2] 即英文的 Blade-laden sedan chair，又称（*Tandu Parang*）。
[3] 即英文的 Nail-studded sedan chair，又称（*Tandu Paku*）。

时候跟随家人参加这场喜庆游行的记忆。洋伯说,"这场盛会是每个人在春节拜年时的话题,那时候像我这样的小孩子都满心期待这场耳闻已久的盛会;老人家总会讲起多年前游神的盛况,乩童展演了那些生猛有力的自伤行为。"

图4—6 刀轿

(来源:蔡静芬摄)

图 4—7　钉轿

（来源：蔡静芬摄）

　　正月半游神的集合点几乎每年都不一样，老人们说过去都在市中心举办，一般是在亚答街（Jalan Niaga）和中兴街（Jalan Sejahtera）的交叉口，这两条街从 20 世纪 30 年代起就一直是山口洋市的主干道了。日据时期，因大屠杀波及了当地各族，游神也被迫中断了。日本战败撤退后不久，苏加诺成为印度尼西亚的首任总统，政府委托当地著名的华人领袖——黄亚香（Bong A Hiong）重新筹备这场盛事（Edhylius Sean,

2013)。

当时的庙会只有正月十五一天,乩童们进行"洗路"后在亚答街和中兴街一带聚集。据当地耆老表示,复办当年的盛况超出预期。一位来自巴西兰的63岁阿姨表示:"日本人杀了那么多人,这些人死的不明不白,灵魂怎么可能得到安息呢?"也因为如此,正月半的"洗路"仪式才深受欢迎。她的丈夫也附和道:"也许政府觉得有必要在这里举行仪式,一方面安抚孤魂野鬼,同时也让当地民众安心。"

第二任总统上任后,印尼进入举世闻名的"新秩序"(New Order)时期,活动依旧在老地方进行。陈美英(2009)在她关于西加里曼丹十五暝的历史回顾中,附上了一些20世纪六七十年代的游神相片。一张相片记录了当时山口洋最出名的乩童范任伯(Fam Ron Pak 音译),文章里对此人也有若干介绍。她的文章也收录了一张拍摄日期为1981年的相片,相片中一位名叫李德保(Li Teck Poh 音译)的乩童正在过火堆。陈女士所收藏的珍贵照片,证实了当时十五暝乩童的绕境游行已是一项公开活动。陈美英认为这些证据清楚地"显示尽管新秩序时期严令禁止,公开的灵媒法会仍在山口洋发生"[1]。

根据地方领袖刘毕明[2]先生和黄威康[3]先生所述,苏哈托时期,乩童们一般在龙碑(Tugu Naga)附近,而不是在中央伯公庙进行法会。尽管苏哈托当局严令限制印尼华人传统文化的发展,但山口洋的神庙活动仍持续进行。一位当地建庙专家说:"在当时,神庙的新建与修葺是不被允许的,但我们低调进行所有活动,避免引起当局的注意。"这位要求匿名的受访者补充道:"如果屋顶漏了的话,我们会从内部进行修理,这样外

---

[1] Margaret. Chen, *Chinese New Year in West Kalimantan: Ritual Theatre and Political Circus in Chinese Southern Diaspora Studies*, Volume 3, 2009, pp. 106-142.

[2] 刘毕明:山口洋佛教发展委员会委员长。他写了大量有关庙会活动与十五暝的文章。他也是2013年山口洋十五暝游神活动筹委会的一员。刘先生是山口洋多间神庙的顾问。对于有意了解山口洋神庙发展的研究者而言,他是一位拥有很多资源的关键人物。

[3] 黄威康被认为是促成苏哈托后期山口洋游神庆典复兴的关键人物。他在山口洋的华人社群内担任多项要职。他曾任十五暝游神活动的筹委会主席多年,是山口洋十分受人爱戴的地方领袖。

人就不会注意到我们的活动。"另外一位年长的乩童说:"即使是在白毛(Phak Mo)① 时期,我仍然没有停止为人治病的工作。不管政治风向怎么变,无论当权者是苏加诺、苏哈托、瓦希德还是佐科威,人们还是会生病,谁又能阻止人们生病时求医呢?对吗?"

图4—8 卢万一座大伯公庙内张贴的告示,拥护新秩序时期的1967年第十四号总统令(*Inpres nombor* 14 *tahun* 1967)

尽管在苏哈托时期,神庙的活动照旧进行,但是当局时刻关注着这里的一举一动。一条在卢万大伯公庙上的告示证实了这一点,标语上写着"本告示由三发治理联席会议(MUSPIDA)② 签发,该地方机构以作为三发县政府首长的三发县县长领衔,在地方军队指挥、地方警察、地

---

① 苏哈托的绰号是"白毛"。
② 三发治理联席会议(*Musyawarah Pimpinan Daerah*,MUSPIDA)。

方检察长的襄助下进行工作"（*Upacara ini hanya untuk ibadat riual khusus lilngkungan Umat Budha Tri Dharma. Dilarang untuk dijadikan tontonan umum*）。此告示落款时间是1980年，当时正是苏哈托统治的鼎盛时期。但是从某种角度来说，这也证实了神庙活动并没有完全被禁止。当地地方政府在公告中表示，神庙活动只允许信众参加，不得向公众开放。也就是说，当地政府为山口洋华人社群的信仰活动保留了一些余地。

1967年第十四号总统令是指由苏哈托签署，用来限制印尼华人宗教、信仰和文化的命令。该令禁止使用汉字和汉语，并要求关闭华文学校，限制中文报刊的发行。所有的华人传统节日以及华人神庙的相关活动全部都被禁止。同时鼓励印尼华人改用印尼姓名。

山口洋地区则相对幸运，多年来得以保有一丝维系华人认同的自由，尽管在第十四号总统令（1967）的高压下，当地仍保留了多处与华人有关的地名。比如咖啡山（Kopisan），公司山（Kungsisan），砂理雍（Saliung），石角（Sakkok），新湳（Sinnam），大湳（Thainam），福佬湳（Holkonam），钁𪨶江（Bok Ma Kong），山巴勒（Sampaley），路下横（Lu Ha Bang）和杷古湳（Pakunam）之类的客家名称依旧出现在政府文件当中。这些地名大都和当地的自然特征紧密相关，比如咖啡山得名于当地的咖啡种植；公司山名字来源于义山（墓山）；砂理雍是一处满是砂石的坡地；石角即堆满石材的角落；新湳意为新开发的土地；大湳则指广袤肥沃的区域；福佬湳是福佬人聚集的地方；钁𪨶江则是因为地形像一个钁；山巴勒林木茂密；路下横在一处斜坡的底端；杷古湳满是蕨类。

无疑的，华人文化和传统在苏哈托时期受到了极大的压抑。但是在山口洋地区，也许是因为华族高度集中，以及山口洋和雅加达之间"天高皇帝远"的距离，各种禁令并没有被严格地执行，因而山口洋的地名、神庙文化，以及乩童传统才能完好地保存至今。

第三节 神明生——神明诞辰庆典

对于山口洋神庙文化的显著特征进一步说明是必要的。乩童向其他神庙的神明表示他/她敬意的传统并不仅限于正月十四。神庙祀奉的某位神明诞辰时,便会举办一场名为"神明生"(Sin Min San 又称 *Hari Ulang-tahun*,HUT)的庆典,全山口洋的乩童都会受邀参与。一位乩童和他的团队越是声名显赫,所接到的邀请就越多。邀请会以一束香烛、金花(kim fa)、和金纸(kim ci)的形式送出。在某些吉利的月份,比如农历八月,同时收到好几个邀请的情况司空见惯。乩童在收到邀请后不出席神明生是有失体统的,也是对神明的大不敬。当受邀的乩童到达主办神明生的神庙后,他首先要为主神上香请安,随后要向其他的陪祀神明请安。过后,乩童会爬上刀轿或钉轿,用力摇晃身体以表明他有神明护体不会受伤。乩童也会在此时展现一些其他的自伤行为,比如用刀砍身体,或用匕首割舌头等。一场神明生中到场的乩童多不胜数,无数的乩童涌入神庙展演后离开,让出场地给其他乩童。神明生的现场锣鼓喧天,人声鼎沸,诞辰庆典氛围欢愉疯狂。

图4—9 亚莲阳街(Jalan Alianyang)一座著名的神庙正在举办神明生

(来源:蔡静芬摄)

图4—10　在刀轿和钉轿上展演自伤的乩童

(来源：蔡静芬摄)

图4—11　一位那贝格（Nek Bagag）乩童正在刀轿上展示刀枪不入

(来源：蔡静芬摄)

图4—12 亚巴迪街一座神庙正在举办一场奢华的神明生

(来源：蔡静芬摄)

图4—13 神明生的请柬

(来源：蔡静芬摄)

图 4—14 被邀请参加神明生庆典的乩童正在向神明表示敬意

（来源：蔡静芬摄）

图4—15 被邀请参加神明生庆典的乩童正在向神明表示敬意

(来源：蔡静芬摄)

图4—16 一名乩童在前往神明生的路上进行表演

(来源：蔡静芬摄)

图4—17　乩童格雷在邦戛的神明生上展演刀枪不入

(来源：蔡静芬摄)

只要不影响交通，不被周边居民投诉，神庙举办活动还是享有一定程度的自由，主办方有时也会在神明生前夕事先知会当地的村长和警察。在举办神明生之前，必须获得当地警方的集会安全许可（surat keamanan），注明庆典的时间、地点和缘由。山口洋几乎每天晚上都有几场神明生。有的神明生的赞助者可能来自新加坡、文莱或马来西亚。例如，咖啡山的一座神庙就有一大批马来西亚的信众，这座神庙的乩童有时被邀请去马来西亚治病或算命。当神明生快到的时候，马来西亚的信众们就会捐款资助庆典所需的费用。有些得空的信徒甚至会亲自到山口洋向神明表示感激。

神庙间相互邀请参加神明生庆典，清楚地显示了各个神庙和乩童之间存在着网络且尊重彼此。即使是华人神明的神庙和达雅族拿督神庙，相互间也建立了密切的联系，华人乩童和达雅乩童相互拜访并参拜对方的神明，以示相互尊重。这也就不难理解为什么每年一些固定的时间，乩童们可以聚在一起进行大规模的"洗路"仪式。这项传统不仅在官方认可的春节公共假期时举办，也不单单只是为了发展旅游项目的节庆活动。这场属于神明及其乩童的年度盛会始于荷兰殖民时期（见 Heidhues，2003、Yuan，2000），一直持续到苏哈托执政的前期。20世纪80年代至90年代初，乩童集会完全被禁止。山口洋神庙庆典仍在庙墙内低调地举行着。

图4—18 在社会街上观看神明生庆典的人群

（来源：蔡静芬摄）

图 4—19　卢万斋堂，1992、1993 两年的正月半，大型乩童集会在此举行

（来源：刘翰俊摄）

据刘毕明（2013）先生在坤甸日报上的一篇文章[①]指出，1987 年时，一位名叫马利克（Malik）的佛教徒和林坤映（Lim Jang Khun）先生想要说服当时的地方政府（三发县政府）批准在科利达萨那（Kridasana）体育场举办正月半庆典。然而，由于当年的执政党不幸输掉了大选，并将败选归咎于华人，因而正月半在 1988 年到 1991 年期间被全面禁止了。为了能争取到更多举办神庙活动的空间，黄伟康先生于 1989 年在三发县成立了三教之家（*Keluarga Besar Umat Tri Dharma*，KBUT），该会是一个伞状组织，下辖 363 座神庙和 62 个殡葬基金会，积极争取更多宗教自由。1992 年，黄先生所领导的组织和当地政府签署了备忘录，解禁的正月半游神重新回归到公众视野。那一年正月半的会场选在卢万斋堂（*Vihara Budhayana Bhakti Boban*，Luban Cai Thong），接下来几年正月半的会场也都在这里。1993 年，在大选中获胜的三发县执政党要求当地政府允许大

[①] 此文刊登于 2013 年 1 月 17 日的《坤甸日报》（*Pontianak Daily*）。

型乩童集会再次举行，地点仍在卢万斋堂。从 1993 年到 2002 年间，大型乩童集会改到卢万三教堂（*Vihara Tri Dharma Teratai Roban,*）举行，当地人称之为三教堂（Sam Kau Tong），距离此前的场地卢万斋堂仅五分钟的路程。

图 4—20　卢万斋堂

（来源：蔡静芬摄）

图 4—21　1999 年，走向三教堂的乩童队伍

（来源：刘伯提供）

图 4—22　1999 年在三教堂举行的大型乩童集会

（来源：刘伯提供）

图 4—23　三教堂，1994—2002 年连续九年的正月半大型乩童集会在此举行

（来源：蔡静芬摄）

图4—24 三教堂的前庭，乩童在这里聚集庆贺正月半

（来源：蔡静芬摄）

图4—25 茵杜车站连续三年成为正月半大型乩童集会及洗路仪式的集会地

（来源：刘翰俊摄）

图 4—26　2005 年的正月半游神

(来源：刘伯提供)

图 4—27　2005 年的正月半游神

(来源：刘伯提供)

自从 2000 年山口洋升格取得行政区的地位以来，正月半或十五暝发生了显著的变化。山口洋市长阿旺怡砂（Awang Ishak）公开强力支持这场乩童盛会，允许乩童们在市中心附近进行活动，同时为此节庆提供财政支持。在接下来的三年中（2000—2002），乩童的集会活动分别在两个不同的地点举行。其中之一仍在三教堂举行，另外一个新场地则是茵杜车站（Terminal Induk）。2003 年，会场改到市中心的新戏院路和中民街（Jalan Sejahtera），并在此连办五年直至 2007 年。

图 4—28　2005 年的正月半游神

（来源：刘伯提供）

2007 年黄少凡（Hasan Karman）先生接任山口洋市长后，正月半集会被提升到新的高度，2008 年的正月半较以往更加隆重盛大。雅加达企业主为这场盛会的举办提供了资金支持，他们大部分是移居椰城从商的山口洋人。当年共有 498 名乩童[①]参与盛会，隔年（2009）就增长到了 592 人，当年的游神路线更是经过精心策划。乩童们先在科利达萨那体育场集合，途经迪珀呢果洛街、怖帝伍陀莫街、哈山·萨德街、沙曼布央街、肯伯玛目街、尼亚街后，最终停在中央伯公庙前的中兴街。由于这

---

① 2008—2016 年间登记参与的乩童统计数据来十五暝游神筹备委员会。

次庆典的空前成功，印度尼西亚中央政府宣布考虑将山口洋的十五暝列入全国性的节庆。由于中央政府使用了"十五暝"一词作为官方表述，因而从此以后政府机构和媒体都使用"十五暝"来指称此一节庆。然而正月半才是更多当地人惯常使用的名称。

图4—29　2005年的正月半游神

（来源：刘伯提供）

2010年，当地政府认识到十五暝游神作为旅游项目的发展潜力，庆典也再次获得雅加达企业家们的资金支持。为了让这场游神的队伍更加可观，同时吸引更多乩童参加，筹委会资助每位登记参加游神的乩童，结果当年有多达 666 位乩童参加。2010 年每一位注册的乩童或乩童团体都收到四百万卢比的资金支持，隔年（2011）①也是一样。2012 年和 2013 年，乩童们所获得的资金支持到达高峰，每个参加乩童或乩童团队可获得超过 450 万卢比的补助。到了 2014 年和 2015 年时，资金补贴略微缩减为每位乩童或每个团体 300 万卢比，资金主要来自于政府拨款和雅加达企业家的赞助。然而到了 2016 年，企业家的赞助全部取消，仅由政府拨款支持每个登记的乩童团队 100 万卢比。随着资金支持的减少，游神的路线从往年的五公里削减成一公里半。②同时也反映在 2016 年注册参加的乩童数量创下自 2008 年十五暝作为国家旅游项目以来的新低，仅有 238 名。

图 4—30　2005 年的正月半游神

（来源：刘伯提供）

---

① 635 位乩童参与了 2011 年的十五暝游，2012 年 761 人，2013 年 747 人，2014 及 2015 两年都是 400 人。

② 从十五暝筹备委员会秘书处所在的加里曼丹街开始，到达赛提亚布迪街，经过赛提亚布迪街的大看台后分成两路，左路去往尼亚街，右路去往中兴街，经过中央伯公庙走向肯伯玛目街。

图4—31　2005年的正月半游神

（来源：刘伯提供）

　　十五暝游神的举办近年来受到了越来越多的挑战。一些教区禁止被雅达神灵降乩的马来乩童参加游神，一些非政府组织则诟病游神鼓励虐待动物，因为某些乩童扶乩时会生吃活体小动物。过去十年来，十五暝游神的规模不断扩大，但随着私人资助的撤出，未来这场盛会的规模势必缩小。但无论如何，乩童们的洗路法事和正月半的乩童集会永远不会消失。这项传统熬过苏哈托新秩序时期对华人传统和文化的迫害坚持下来，乩童在山口洋人生活中所扮演的角色，并不会完全受到政治或资金等环境因素的影响。许多山口洋乩童只参加他们所在社区的洗路法事，而不会参加隔天的十五暝游神。仪式的展演是乩童对神明及当地民众所履行的一种社会责任，乩童的角色应该跳脱在国家节庆期间以针穿颊，自伤身体来展现刀枪不入的刻板印象，他们的角色及举止不应只是旅游噱头而已，乩童对神明及人们的服务及其角色不该被低估，他们对社区的贡献是无价的。

第五章

2016 年的十五暝

这一部分将展示一些拍摄于 2016 年正月半的照片。每一年的除夕夜，

图 5—1　威利·布鲁杜斯先生①，本章照片的摄影师

---

① 威利·布鲁杜斯先生是一名山口洋人，媒体和他的朋友一般叫他威利·马克托，他拥有物理学学士学位。威利先生赢得了多个摄影奖项，他获得的最新奖项是 2014 年"山口洋欢迎你国际摄影比赛"冠军。作为一名自学成才的摄影师，他将摄影活动当成是一项爱好。他关于这场文化盛宴的照片始终关注着这场庆典的基础——参加游神的人们，他热衷于关注人们在参加时的反应、感觉以及与这场盛会之间的联系。他希望能够通过照片向人们展示他对当地人民、文化和传统的热爱。他也希望他的朋友和年轻一代能够被这些相片所鼓舞，学会去感激和平与自然。言谈和善但个性坚毅的威利先生希望有朝一日能带着一组尼康全片幅照相机环游世界，记录世间的美丽。

山口洋的中央伯公庙都会被信徒和游客围得水泄不通。华人、达雅人、马来人以及来自世界各地的游客都会来到中央伯公庙拍照跟拜拜，中央伯公庙绝佳的地理位置及重要性，在山口洋人的社会历史上有着十分特殊的地位。十五暝游神在未来的数年仍会持续举行，其组织形式也将出现不可避免的变化。然而，中央伯公庙及乩童所进行驱邪祛病活动的意义与重要性，则不会改变。我相信经过岁月的荡涤，人们终将理解这座美丽城市的神庙文化和乩童传统。

图5—2　十五暝中央伯公庙的主殿夜景

图5—3　中央伯公庙的大蜡烛，当地也称作 Lilin Kelapa（椰子油蜡烛）

图 5—4 中央伯公庙是山口洋最多人到访的地方。一位穆斯林游客正在庙里拍照

图 5—5　每个人都欢迎到庙里，不分种族信仰。
一位穆斯林游客正在庙里拍照

图5—6 添满了香的天公炉

图5—7　一家人正在向天公敬拜

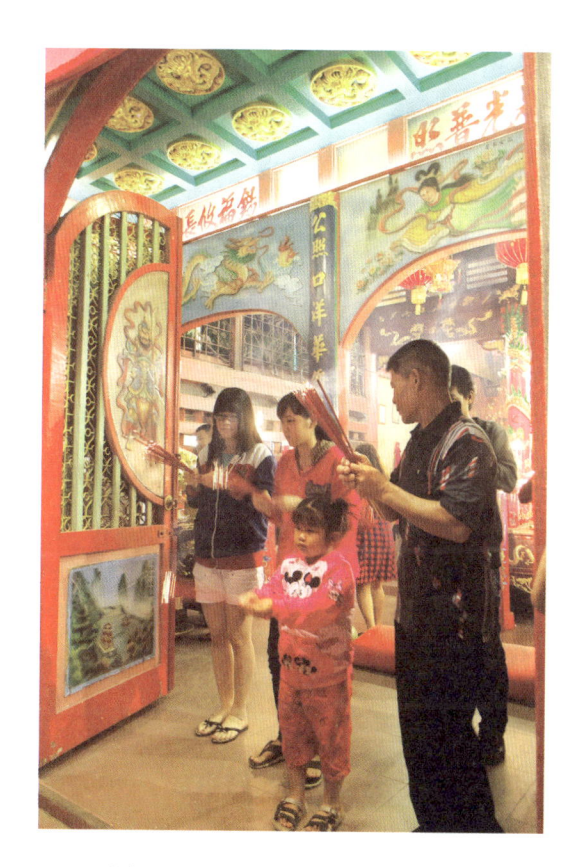

图5—8　一家大小正在向天公敬拜

图 5—9　信众在庙里祈祷

图 5—10　一对母女在向伯公敬香

图 5—11　信众在上香

图 5—12　信众在庙里

图 5—13 一位华人女乩童

图 5—14 十五暝游神中的乩童与其团队

图 5—15　十五暝游神中的乩童

图5—16 游行中的一位乩童

图5—17 游行中的一位乩童在舞动武器

图 5—18 十五暝中一位少年在击鼓

图 5—19 十五暝的前一天"十四":人山人海的观音娘娘庙

图 5—20　入神中的菜篮神

图 5—21　一位入神中的啦督公乩童（一）

图 5—22　一位入神中的啦督公乩童（二）

图 5—23　游神中的乱童

图 5—24　十五暝的前一天"十四"：非常热闹的观音娘娘庙

图 5—25　游神中的神像

图5—26　二伯爷的神龛

图 5—27 入神状态的菜篮神

图5—28 踏在锐利刀上的乩童

图5—29　一对啦督公乩童父子

图5—30　正在休息中的啦督公乩童

图5—31　十五暝中击鼓的少年

图 5—32　一位入神中的仙师乩童

图 5—33　入神中的南岳元帅

图5—34　一位入神中的将军乩童

图 5—35　两位乩童

图 5—36　正在休息中的啦督公乩童

图5—37 坐在刀轿上休息中的乩童

图5—38　一位年轻的乩童

图5—39　一位入神中的将军乩童

图 5—40 休息中的啦督公乩童与队员

图 5—41　一位入神中的啦督婆乩童

图 5—42　坐在同一张刀轿上的一对师徒啦督乩童

图 5—43　一位小孩啦督乩童

图5—44 一位小孩啦督乩童

图 5—45　一位入神中的啦督公乩童

图 5—46　哪吒乩童与其团队

第五章　2016年的十五暝　/　171

图5—47　休息中的乩童们与团队们

图5—48　带有信众地域的旗帜

图5—49　中岳元帅

图 5—50　一位入神中的将军乩童

图 5—51　一位元帅乩童

图 5—52　一位将军乩童

第五章 2016年的十五暝 / 175

图5—53 一位娘娘乩童

图5—54 游神中的一位将军乩童

图5—55 啦督公神明的供品

图5—56 站在刀轿上的一位将军乩童

图 5—57 一位入神中的啦督婆乩童

图 5—58　站在刀轿上的一位将军乩童

图5—59 一位将军乩童

图5—60 一位入神中的娘娘乩童

图5—61 站在刀轿上的一位将军乩童

图 5—62 一位入神中的娘娘乩童

184　/　印尼山口洋的神庙与乩童传统

图5—63　一位入神中的啦督公乩童

图5—64　一位入神中的娘娘乩童

名词对照

此对照表是为了更清楚的解释本书所使用的语词。其中部分语词只能以客家话发音或与之相近的读音。本书所使用的客家话并未根据任何已出版的参考书。它们只在当地脉络下使用——包括 Facebook、BBM、Whatsapp 等即时通讯软体。这意味着当地客家人所使用的五花八门的表达形式。例如"Nyi het cho la bui"即"你住那里?"必须指出的是，1967 年起华文教育在印尼被封禁了整整 32 年，故大部分的山口洋客家人都不会书写中文也不用华语沟通。

书中出现的客家话	中文	意义
Singkawang	山口洋	山口洋市
Hak Nyin	客人	客家人
Jit Ni	印尼	印度尼西亚
Jit Ni Nyin	印尼人	印度尼西亚人
Jit Ni Bun	印尼文	印度尼西亚语
Tong Nyin	唐人	华人
Fan Nyin	番人	马来人
La Ci	啦子	达雅人
Atap Kai	亚答街	尼亚街
Cung Min Kai, Cung Hin Kai	中民街 中兴街	舍甲特拉街
Fa Tu Kai	花度街	迪珀呢果洛街

书中出现的客家话	中文	意义
Jamthang	塩潭	*Kaliasin*（印尼文）
Thai Kong	大港	大港口
Lao Pat Fung	老八分	老八份
Kyu Fun Teo	九分头	九份
Sip Sam Fung	十三分	十三份
Kuek Lian	结连	邦联
Sin Pat Fung	新八分	新八份
Sam Tiao Keau	三条沟	第三水道
Man Ho	满和	充满和谐
Xin Buk	新屋	新房屋
Kong Muui	坑尾	山沟尽头
Sip Ng Fung	十五分	十五份
Thai Ho	泰和	盛大和谐
Lao Sip Si Fung	老十四分	老十四份
Sip Yi Fung	十二分	十二份
Kut Lut	福律	*Kulor*（印尼文）
Cung Yong	中央	中央
Cung Yong Pak Kung	中央伯公	中央伯公
Thai Pak Kung	大伯公	土地人，大伯公（福建话）
Thai Pak Pho Pho	大伯婆婆	大伯公的老婆
Latok	啦啄	*Dayak Latok*（印尼文）
Fuk Tet Chi	福德祠	福德庙，伯公又称福德正神
Hang Pien	横匾	匾额
Kong Chet Cun Bong	广泽尊王	广泽尊王（中文）
On Ci Sin Bong	安济圣王	安济圣王（中文）
Sak Shi	石狮	石头狮子
Shi Ku	狮牯	公狮
Shi Ma	狮嬷	母狮
Mun Sin	门神	门卫
Phak Mian Choi Sin	白脸财神	左门守卫
Bu Mien Choi Sin	黑脸财神	右门守卫
Thu Thi Kung Kung	土地公公	土地神

名词对照

书中出现的客家话	中文	意义
Thu Thi Pho Pho	土地婆婆	土地神的老婆
Thian Ciang	天井	天堂之井
Thai Lap Cuk	大蜡烛	大蜡烛
Thai Sin Jar	大圣爷/齐天大圣/孙悟空	猴神
Hap To	和到	相合
Tatung	打童	灵媒
Phan Tung	邦童	灵媒
Cho Ki	坐基	神灵附身
Tu fa	土话	粗话
Chu fa	粗话	粗话
Lok Tung	落童	落童（福建话）
Tangki	童乩	福建人称灵媒为童乩
Sit Cai	吃斋	吃素
Ng Sek Ki	五营旗	五色旗
Tor Thai	刀梯	刀梯
Tor Khiau	刀轿	刀轿
Ku Khiau	钉轿	钉轿
Fu	符	符咒
Coi Lam Sin	菜篮神	菜篮神
Son Miang	算命	算命
Pat zi	八字	出生的年、月、日、时辰的天干地支，加在一起总共八个字
Sei Lu	洗路	清洗街道
Zhang Yet Ban	正月半	十五暝/农历一月十五日
Mat Cho	抹草	可避邪的叶子
Sin Ming San	神明生	神明的生日庆典

由衷感谢

黄诺曼　山口洋文化旅游部主任

刘毕明　山口洋佛教发展委员会委员长

孙春贵　炳源酒厂有限公司主席，诗巫永安亭大伯公庙信托人、马来西亚大伯公庙暨世界大伯公节联谊会信托人

本固鲁孙春福　马来西亚大伯公庙暨世界大伯公节联谊会主席

张如云　马来西亚大伯公庙暨世界大伯公节联谊会秘书

蔡高赞　中央伯公庙主席

傅锦源　中央伯公庙工作人员

黄威康　山口洋市三教庙宇联合会主席、山口洋客属公会会长

安迪·维多里欧　2016年山口洋十五暝游神秘书

林友芳　昔奖孔苏本达尼小学校长

刘翰俊　山口洋资深摄影师

艾瑞克·苏达尔索　山口洋香港旅馆经理

参考文献

Badan Statistik Kalimantan Barat. (2016)。Social and Population: West Kalimantan. Retrieved from March, 20, 2016, from http://kabar.bps.go.id/

Chai, Elena (2014). 砂拉越大伯公庙平面图汇集. *Compilation of Sarawak Tua Pek Kong Temples Layouts*. Sibu: En An Teng Association.

Chan, Margaret (2008). *A new dawn of Chinese - Dayak relationships: Spirit mediums and politicians on the West Kalimantan stage*. Proceedings of the International Conference on Religion in Southeast Asian Politics: Resistance, Negotiation and Transcendence. Singapore.

Chan, Margaret (2009). Chinese New Year in West Kalimantan: Ritual theatre and political circus. *Chinese Southern Diaspora Studies*, 3, pp. 106 - 142.

Chang, Shao Kuang 张少宽 (1982),《大伯公、拿督公与土地公关系的商榷》,《文道月刊》第 16 期,第 14—19 页。

Chen Yu Song 陈育崧 (1951),《TOKONG 考》,《南洋学报》第七卷第二辑,新加坡南洋学会。

Chen Che Ming 陈志明 (2000),《东南亚华人的土地神与圣迹崇拜——特论马来西亚的大伯公》,收入傅飞岚、林富士编:《遗迹崇拜与圣者崇拜》,台北允晨文化事业有限公司。

Edhylius Sean, Liu 刘毕明 (2013, January 17),《回顾山口洋市元从宵活动庆》,《坤甸日报》.

Heidhues, Mary Somers (2003). *Golddiggers, farmers, and traders in the*

"Chinese Districts" of West Kalimantan, Indonesia. Ithaca, New York: Cornell Southeast Asia Program Publication.

Han Huan Zhun 韩槐准（1940），《大伯公考》，《南洋学报》第 1 卷第 2 辑，新加坡南洋学会，第 18—26 页。

Huang Yao 黄尧（1981），《三位一体的神——大伯公、拿督公、土地公》，《文道月刊》第 136 期，第 16—21 页。

Hui, Yew Foong (2011), *Stranger at home: History and Subjectivity among the Chinese communities of West Kalimantan, Indonesia*. Leiden: Brill.

Ko Wei Nung 高伟浓（2002），《东南亚华人的大伯公与土地公崇拜——以泰国为例》，郝时远，《海外华人研究论文集》，第 313—336 页，中国社会科学出版社。

Liu A Rong 刘阿荣（2012），《族群迁移与宗教转化——以福德正神信仰为例》，徐雨村，《族群迁移与宗教转化：福德正神与大伯公的跨国研究》，第 1—22 页，（新竹）清华大学人文社会学院。

Kwang Guo Xiang 邝国祥（1957），《槟榔屿海珠屿大伯公》，《南洋学报》第十三卷第一辑，新加坡南洋学会。

Tay Sze Min 郑志明（2004），《客家社会大伯公信仰在东南亚的发展》，收入陈支平、周雪香主编：《华南客家族群与文化印象》，黄山书社。

Yuan Bing Ling (2000), *Chinese Democracies: A Study of the Kongsis of West Borneo (1776–1884)*. Leiden: University of Leiden.

索　引

A

安济圣王　17，27，29，45
安全　127
肮脏　105

B

八字　104－106
白衣娘娘　104
邦童　65
伯公　14，15，142
帛娥撒山　2
怖帝伍陀莫街　15，134

C

菜篮神　99－101，103，142
蔡公　106，109

场地　122，130，134
城镇　16
冲煞　104
村落　12，13，111

D

打扰　17
大伯公　16－19，22，23，27，39
大圣爷　62
大望　12
丹绒巴瑶　2
丹绒磙铎　23
刀轿　83，85，92，112，116，117，122，123，142
迪珀呢果洛街　9，11，134
地点　22，23，112，116，127，130，134
钉轿　116，118，122，123
定义　65

督利市场 9

对联 27，28，32 - 35，37，38，41，43，44，46 - 51，62

F

风水 63，66

符咒 89

福律伯公 24

G

公司 16，22

古晋 7，8，66

关刀 69

广泽尊王 17，27，28，42

H

哈山·萨德街 134

和到 63

河流 1

荷兰 16，19，111，128

荷兰殖民 16，19，111，128

花度街 9，11，15

华人神明 80，81，93，128

黄包律 70，73，75，76

黄恒黎 70，73 - 75

黄倪世 93，98

黄平平 70 - 73

黄伟尼 88

J

乩将世家 66

乩童 17，23，62，63，65 - 68，71 - 74，76 - 78，80，81，84，88，89，93，94，97 - 99，101 - 108，111 - 117，119 - 123，125 - 132，134 - 137，139，142

吉安潭山 2

建庙专家 119

轿 116

街道 9，10，15

金矿 1，12，18，22，93

九条江 1，13

K

卡菈旺将军 77，78

肯伯玛目街 134，136

L

拉拉车站街 99，101

腊雅清真寺 9

来世 106

老伯公公 76，80

老爷 17
里欧帝 107, 110
历史 14, 16-18, 119, 139
灵媒 17, 65, 66
刘伯 106-110, 113, 114, 130, 131, 133-137
卢万斋堂 129, 130
旅游 57, 112, 128, 135-137
落童（lok tung） 65

M

马来乩童 137
梅拉将军 80
媒介 67, 102
门神 30, 31
梦 23, 80, 93
庙宇 23, 27
抹草 113, 115, 116

N

拿督峇都梅拉 80
内部结构 64
内咔颜 107
尼亚街 9, 10, 134, 136
女乩童 103-105, 142

P

琶当琶琗山 2
琶西山 2, 3, 21, 80
攀塔 77-79
彭努谷 17, 82
婆罗洲 1, 5, 6, 8, 16, 17, 19, 77
珀腾山 2, 3

Q

青山伯公 81
庆典 39, 40, 65, 66, 73, 76, 77, 81-83, 85, 88, 91, 97, 102, 103, 107, 109, 112, 119, 121, 122, 125-129, 135, 138

R

荣叔 66-71, 73-75

S

三教堂 130-132, 134
三条江 1, 13, 88
色达乌山 2
沙曼布央街 134

沙滩 2

砂理山 1, 2, 22, 76, 77, 79, 80, 88, 89, 93

山口洋 1-4, 7-9, 11-17, 19, 22, 23, 28, 61-63, 65-67, 73, 77, 81, 89, 94, 99, 104, 106, 111-113, 119, 121, 122, 127, 128, 133-135, 137-139

山口洋河 1, 4

舍甲特拉街 9, 10

神 18, 63, 114

神龛 18, 19, 22, 24, 27, 60-62, 71-75, 91, 95-97, 107, 111, 142

神明生 72, 73, 82, 83, 85, 101, 121, 122, 124-128

师父 80, 83, 93, 94, 106

十五暝 65, 66, 77, 78, 81, 94, 95, 97, 98, 106, 107, 111-113, 116, 119, 133-139, 142

释迦摩尼 17

守护 17, 67

守护神 16, 101

苏哈托 112, 119-121, 128, 137

算命 103, 127

太上老君 104, 105

太阳星君 27, 60

太阴星君 27, 61

跳童 66

童乩 65

头条江 1, 12

土地公 18, 27, 40, 42, 45

土地婆 27, 40, 42, 45

土地神 17, 22, 24, 28, 62

W

文王 100, 101, 103

X

西江空山 2

洗路 111-115, 119, 128, 132, 137

谢师父 100-102

新年 112

新戏院路 134

新秩序 119, 120, 137

行政区 6, 7, 12, 13, 22, 133

血统 89, 93

T

塔尼街 19

Y

亚巴迪街 124

亚答江 1, 13
亚答街 9, 10, 15, 118, 119
亚莲阳街 122
塩潭 12, 20, 103, 104
邀请 74, 97, 122, 125 - 128
医者 89, 90
仪式节奏 77
移民 1, 17, 18, 93
玉皇大帝 112

正月十四 112 - 115, 122
中民街 9, 10, 134
中兴街 9, 10, 118, 119, 134, 136
中央伯公 14, 15
紫荆叶 116
自伤 66, 94, 112, 117, 122, 123, 137
坐基 65

Z

正月半, 正月十五 116